# サンタ村の楽しい認知症の人たち

## 認知症介護が怖くなくなる
## 9つの幸せストーリー

髙荷一良 著

セルバ出版

## はじめに

私は小さい頃から弱さを抱えていた人間でした。

思うことがあってもなかなか言葉にできず、先生に注意されると顔を赤らめ、涙をこぼす日々が続きました。

「泣き虫、や～い」とからかわれた経験は一度や二度ではありません。自分自身ではこうした弱さを克服できず、学生時代は悶々とした日々を過ごしていました。

成長するにつれ泣き虫は徐々に解消されていったものの、あがり症だけはどうにも治りません。入社試験ではすべての企業から不合格の通知をもらうほどの有様でした。

「どうしたらいいんだろう。この先何を目指したらいいんだ」

友人たちは就職先が決まり、会うたびに輝きが増しています。それに比べて私は…、途方に暮れる日々が続きました。そんなとき出会ったのが「裸の大将放浪記」のドラマであり、「西国立志編」という一冊の本でした。前者では山下清画伯のたくましく生きる姿に、後者は「天は自ら助くる者を助く」の精神に感銘と刺激を受けました。

「まだ自分には多くの時間が残されている。何でもいいから目の前に現れることにチャレンジしてみよう」

私は初めて自分の可能性を信じるようになったのです。

そして、ちょうどそのとき、

「お前の性格ではこういうところがいいんじゃないか」

という家族の勧めで知的障がい者施設の入団試験を受け、幸運にも合格の喜びを手にすることができました。

ただ、知的障がい者との関わりは初めてです。日々とまどいの連続でした。

「知的障がいの方たちとコミュニケーションをとるにはどうすればいいのだろう？」

「興奮したときにどんな声をかければ落ち着くのだろう？」

あれこれと考えては様々な取り組みをしてきました。

同僚や先輩職員とは、お酒を飲みながら、

「知的障がいを抱えて生きるとは？」

「彼らは楽しく生きているのだろうか？」

「家族の幸せって何？」

何度も何度も語り合いました。

関連する書籍を読み、実際に実践した内容をレポートにして発表する機会も得ました。その度に私は人としての幅を広げていったように思います。

その後、高齢者介護の道に足を踏み入れたわけですが、そこで垣間見えたのは、悩み苦しんでいる介護者の姿です。

確かに介護に関わる家族は両手にあまるほどの問題を抱えています。誰も見守る人がいない、仕事との両立、もっと楽しく介護をしたいと真剣な表情で私どものところにいらっしゃいます。

近しい間柄であればあるほど、怒りや悲しみが次第に積み重なっていきます。

そのとき、どんな考え方や接し方をすれば自分自身が落ち着き前向きになれるのだろうか、とお話されます。

どんなに行き詰っていても、心が折れそうになっても、人はきっかけさえあれば変われます。変わるのは考え方、行動、もちろん両方です。

その歩みは遅くても確実な第一歩が踏み出せれば必ず変わることができます。

介護で悩んでいる人は一人ではありません。たくさんの方たちが、今日も明日も笑顔を引き寄せる介護を実践しようと日夜努力されています。

そんな皆様への「応援物語」として本書が少しでもお役に立てればこれ以上の幸せはありません。

平成二十七年一月

高荷　一良

# サンタ村の楽しい認知症の人たち―認知症介護が怖くなくなる9つの幸せストーリー

目　次

## 第2章　言葉がつないだ縁



## 第3章　受け入れる勇気

## 第8章　隆二の恩返し

# プロローグ

「あなたは幸せになりたいですか？」

そう尋ねられたら皆さんは何て答えるでしょう。

私だったら、もちろん
「はい、はい、はい」

になってしまいます。「はい」の三連発です。


ではその幸せの中身ってどんなの？


「そりゃ、いい大学を出ていい会社に就職して…」

これはちょっとありきたりですね。

「もちろん、お金よ。お金があったら何でも買えるもん」

さすがに若者はやはりお金の苦労が多いですからね。もちろんこの私も例外ではありませんが…。

とはいえ、血気あふれる世代はまだしも、次第に年を重ねるに従い、ギラギラした熱意は消え失せていき、

「まあ、ほどほどでいいや」

## プロローグ

「そんなにがつがつしてどうするの」

あきらめにも似た言い訳を考えて自分自身を納得させていきます。

そして、功成り名遂げた人を羨み、キンキラキンに着飾った人を見てはため息をつく日々が続く、なんてことが起こらないとも限りません。

ましてやこんなときに「介護」しなくちゃいけないという現実が押し寄せてきたとしたらどうなるでしょう。

「親父のせいで俺の生活が大変だ」

「あんなに元気だったおふくろがこんなに動けなくなるなんて」

「自分の親なんだからあんたがしっかりみなさいよ」

家族という大事なよりどころにヒビが入っていき、気がついたら責任のなすり合いになっていた、これでは悲惨街道まっしぐらです。

「ではどうしたらいいのですか？」

はて、かくいう私もその疑問に対して確たる解答は正直ありません。数学のようにスパッと出せれば良いのですが…。

ただ、私の前には、「介護」という現実に直面しながら、毎日を送っておられる方々がたくさんいらっしゃいます。

「ちょっと聞いてよ。うちの親がね、この前出かけたきり帰って来なくなっちゃってさぁ。どうしたらいいんでしょう?」

「家内がね、財布をしまってはどこに置いたか忘れるようになっているんですよ。しまいにはお前が取ったとかになっちゃって」

このようなお話をされていかれます。


私は、持ち込まれるご家族の物語に耳を傾けながら、解決策に向けて歩み出そうとする方々を応援しています。

そうそう、言い忘れました。

私は、「サンタ村」という所に住んでおります。村人は私を親しみこめて「村長」と呼んで下さいます。

サンタ村に集う人たちとの交流を通じて紡いだ物語をお伝えしながら、日常にある幸せを探してみようと思います。


では、そろそろ出かけるとしましょうか。

# 第1章　決意の喫茶店

# 夜の叫び声

伸郎は、一流企業に勤めるビジネスマン。出世競争に乗り遅れまいと、昼夜を問わず働いていた。営業職だった頃は、どのようにして自分の成績をあげるかを考え行動し、抜群の営業成績を残していた。朝から夜遅くまで、休日も仕事に没頭した。その甲斐あって順調に係長、課長と階段を上っていった。三十代で転職したハンデをものともしないバイタリティあふれる人である。

ところが、部下が十人、二十人と増えるにつれ様相が変わってきた。部下の中には、会社の方針に異を唱える者、覇気のない者など、指示しても思うようにいかない場面が増えてきたのである。そうなると、ただでさえ家庭のことは妻に任せきりだったのにますますおろそかに拍車がかかる。部下を連れて酒場に繰り出す回数も増えていった。

それで業績が上向くようになればまだしも、伸郎の課の成績は下から何番目の位置だからストレスもたまっていく。

「キャー、助けてー、死んじまうー」

甲高い声が家中に響きわたった。

一階からの叫び声に目を覚ました春代は、少しの間、聞き耳を立てていた。

「あなた、お義母さんが声を出しているわよ」

布団をかぶったままの伸郎をゆすった。今年の春に九十歳を迎えた義母の様子がおかしい。夜中に起きたかと思うと急に大きな声を出す。

時間は決まって午前二時～三時頃だ。

「たまにはあなたが様子をみてきてよ」

「そんなこと言ってもさ。少しほっとけば寝るって。大丈夫だよ」

「まったくいつもそうなんだから。一回起きると続くのよ。……ほら始まったよ」

「襲われるー、だれかー、コノヤロー」

言葉づかいも次第に乱暴になってきた。

「大丈夫、大丈夫。オレは眠いんだよ」

妻の春代は、布団から出ようとしない夫をにらみつけながらゆっくりと立ち上がった。

ほのぐらい廊下を歩くたびにきしみがひっそりと吸いこまれていく。

こんな日が何日続いているだろう。春のたよりが届き始めた頃だったが、まだ夜は寒気をはらんでいる。

春代は、地方での就職がままならない時代に首都圏に出てきた。頬のえくぼが似合う素敵なお嬢さんだった。右も左もわからないときに出会ったのが伸郎である。伸郎のひと目ぼれだったのかどうかは定かではないが、二人の結婚は出会ってから一年もたたないうちに整った。

結婚後、春代は、義母の願いを受け入れ、喫茶店を手伝うことになったのである。厳しい義母の指導にも関わらず、春代は辛抱強くお店に立って愛嬌を振りまいた。常連さんの評判は上々で、

「鬼と天使でいいコンビだね」

「ゴッドマザーに従う微笑み天使だね」

お店の人気は、春代に負うところが大きかったようである。

春代の唯一のやすらぎは、伸郎が学生時代、喫茶店を手伝った様子を楽しそうに話してくれる義母の顔を見るときだった。

梅雨入りがもう間近と言う日にひとつの事故が起こった。義母が段差につまずいて左膝を骨折してしまったのである。手術して事なきを得たが、半年後には左手首と左肩を骨折。この後から様子がおかしくなる。

伸郎に相談しても病院で診てもらったらの言葉だけで、自分が連れて行こうとするそぶりさえ見せない。その度に店を閉めざるを得ず、春代としてはお客さんに申し訳ない気持ちでいっぱいだった。

骨折が起こっているときを同じくして、脳の中でも病が進行していた。診断では脳血管性認知症とのことだった。

「伸郎さん、お義母さんは認知症よ」

「えっ、そうなの。ふ〜ん。で、どうなったの？」

「お薬が処方されたので、定期的に通院して様子をみていくしかないみたい」

「じゃぁ、頼むよ。オレ忙しいからさ」

「忙しい忙しいって、私もお店をやっているのよ。日曜日くらいお義母さんと散歩してくれてもいいじゃない」

「いいよ。任せるよ。日曜日も出勤なんだよ」

「また、逃げ口上ばかり言う。こういうときこそ協力が大事じゃないの」

「わかってるよ。だけど今はダメだ。課の成績をあげなきゃいけない大事なときなんだ」

「会社が大事なのはわかる。要するに私とお義母さんは二の次ってことね」

最後は決まってこんな会話の繰り返し。

次第に春代から笑顔が消えていった。

## 午前3時の救急車

春代は、夕食をいつも通り作ったものの、突然むなしくなる自分を感じてしまった。がらんとした食卓、顔を合わせてもどこか上の空の夫、小間使いのように呼ぶ義母、こんな人生を歩もうと思って結婚したわけじゃない。義母が認知症だというのはわかる。でもこんなに大変なのか。私ひとりだけじゃどうにもならない。

椅子に座った途端、夜中の出来事やらやるせない思いが頭の中を駆けめぐったのだ。そうなるともう止まらない。家を出る準備を瞬く間に終え、電車に飛び乗った。

その日、伸郎は午後十時をまわった頃に帰宅した。テーブルには春代の手作りの夕食が用意されている。夕食は用意されているのだが、春代の姿はない。今日も先に休んでいるのだろう。

いつもなら寝室に向かうのだが、食事をとりながら飲んだビールの酔いがまわってきたのか伸郎はそのままテーブルに顔をふせて寝てしまった。

「キャー、助けてー、襲われるー、……、あーっ、落ちるー」

どすっ。がしゃっ。

大きな音で目が覚めた伸郎は、すぐに春代を呼んだ。だが、一向に起きてくる気配がない。

「どうしんたんだ、今日は。こんなに大きな音がしたっていうのに」

時計をみると午前三時までもう少しだ。あかりをつけたまま寝ていたのが幸いした。伸郎はすぐに立ち上がって母親のいる寝室へ歩き出した。夜に母親の姿を見るのは何ヶ月ぶりだろう、と思いながら。

「わっ、おふくろ、大丈夫か」

「おい、しっかりしろよ」

ベッドの脇で横たわっている姿を認めるなり、伸郎は駆けよって大きな声をかけた。

「襲われたんだよ。誰かが、……突き飛ばしたんだ。お前だ、つかまえるぞ」

「何言ってんだよ。夢でも見たんか。俺だよ俺。誰も襲ってなんかいないよ」

必死になだめようとする伸郎だったが、母親が何度も繰り返すのでどうにもしようがなくなってきた。

それでも背中をさすったり、表情をうかがいながら具合を尋ねたりした。

「おふくろ、痛いところはないか、どうなんだ」

「痛くなんかないよ。よそ様に世話になるほど落ちぶれてなんかいないよ」

「えっ、……、俺だ、伸郎だ。しっかりしてくれよ」

よそ様という言葉にショックを受けた伸郎だったが、今はベッドに寝てもらうのが最優先だ。だが、このときになってようやく異変に気がついたのだ。右ひざのあたりが腫れている。熱も帯びてきた。

「救急車だ。救急車。おい、春代、起きてこい」

伸郎は今になっても起きてこない春代に腹を立てながら、急いで電話に手を伸ばした。

車窓に映る風景をやり過ごしながら、春代は思い出していた。義母とのやり取りを。
明治時代から続く織物工場の一部を改装して喫茶店を開いたのは昭和四十年代後半。伸郎はその頃に生まれた。当初は義父と一緒に切り盛りしていたが、病弱だったため六十歳を待たずに死去。そこから義母の奮闘が始まる。伸郎との結婚が決まった後は、それはもう怖かった
「そんなんじゃダメ。もっと丁寧に」
珈琲豆のブレンドの仕方からお湯の注ぎ方、料理まで仕込まれた。どうやら良い後継者ができたと思ったらしい。春代自身は、どちらかと言うと仕方なく手伝っていたという感じだったのだが。

義母は、箸の上げ下げまで指導してくる。頭だけでは消化できるものではなかったため、春代はノートをとることにした。今やその数は十冊を超える。

「そうだ、あのレシピノート…。置いて来ちゃった。一冊だけでも持って来ればよかった」

今さら悔いても仕方がない。

「どうせ私だけのノートなんだから」

そう呟き、視線を足元に落としながら目を閉じた。義母がベッドから落ちたとはつゆにも思わず…。

電車は、春代の故郷に向かっていた。

## 伸郎の不安

入院後すぐ手術になったのだが、度重なる骨折により今後は車椅子での生活になりますと医師から告げられた伸郎は途方に暮れていた。

「何を準備したらいいんだ。退院後はオレとおふくろの生活ってか？　冗談じゃない。仕事はどうする。食事はどうするんだ」

伸郎は、同じ言葉を繰り返しては喫茶店内を歩き回っていた。

「あのぅ、すみません。今日はお休みですか？」

「えっ、あぁ、そうなんです」

「いや、ここの珈琲が美味しいものだから、ちょっと立ち寄らせてもらったんですよ。そうか、残念だなぁ」

「お客様、誠に申し訳ございません。実のところを申しますとこのまま閉店せざるを得ないかも知れません」

「それはまたどうして。あっ、これは失礼しました。実は私、お店のファンのひとりで、こういうものです」

「ほう、サンタ村の村長さんでしたか。いつもありがとうございます。ですが恥ずかしながら……」

村長は、暗い室内を見回しながら容易ない事態であることを知った。

伸郎は、白髪まじりの村長にポツリポツリと事情を語り始めた。伸郎としては、家の恥になるようで気が進まなかったが、美味しい珈琲を飲みたいと繰り返して語る村長に悪い気がしなくなったのだ。

「どうでしょう。ここはひとつ伸郎さんの力を発揮するときかも知れませんね。確かに会社は大事だと思います。営業成績、心配ですよね。でもあなたが育てた人たちです。不在が続いてもきっとしっかり守ってくれますよ。でも家族は違います。伸郎さんがいなければどうにもならないときがあります。私にはそんな叫びが聞こえてきます。お母さんも春代さんも、きっとあなたを信じているはずです」

「そうでしょうか。家事も介護も何にも知らない自分ですよ。現に今だってどうしたらいいかわからないんですから」

「今はそうでしょうとも。誰だって最初は右に行ったり左に行ったりするものです。どうでしょう、よかったら私に任せていただけませんか？」

## 春ノート

村長は、介護保険を活用するように話し、村の担当者を紹介した。

介護が始まったとき、母親は右足が伸びたままの状態だった。伸郎は、何も知らないのが幸いした。素直に職員のアドバイスに耳を傾けられたからである。ベッドから車椅子への移乗の仕方さえ見当がつかなかった状態は瞬く間に脱出できた。入浴はサンタ村の座ったままの状態で入れるお風呂を活用して清潔を保った。

こうなると気がかりなのは食事。作ってもらうことはあっても自分が作るなんて想像さえしていなかったのだから。

「村長、食事はどのように作ったらいいでしょうね」

「伸郎さんの家は喫茶店ですよね。だったら難しくはないと思いますが」

「それは母と妻の仕事でしたから…。昔、教わった記憶はありますが、何にも知らないのと同じですよ。うちは二人とも料理が上手くてね。それが楽しみで」

「羨ましいなぁ。お店に出す料理を毎日味わっていたわけでしょう？　何杯でもお代わりできそうですね」

「ええ、はい、そうなんです」

伸郎は今さらながら少しでも記憶に残しておけば良かったと後悔した。あの厳しい母に仕込まれた料理ならどこに出しても自慢できる。

「伸郎さん、こういうものがありましたよ」

店内を物珍しそうに眺めていた村長が一冊のノートを手にして持ってきた。関東大震災を生き延びた柱と柱の間に並んでいた棚の中にあったものだ。

伸郎はゆっくりとページをめくった。ところどころかすれているのは、何度も読み返したからだろう。黄ばんでいるページもある。字はよほど急いで書いたとみえて判読不可能な箇所がある。だが、それは明らかに春代が書いたものだった。

「これ、すごいじゃないですか」

のぞきこんで読んでいた村長が大きな声を上げた。

伸郎は、何度も何度も初めから終わりまでページを繰った。そして表紙に第一冊の文字を見届けると、棚に駆け寄り同じものがないか探した。

「こんなにたくさんある」

伸郎は村長に向かって両手を広げた。そこにはしっかりと十冊以上のノートブックが握られていた。

村長は、ノートをむさぼるように読んでいる伸郎を残し、喫茶店を後にした。ひとりで考える時間が必要だろうと思ったからだ。

それから数日後。慣れない手つきで台所に立つ伸郎がいた。妙に明るくなっている。

村長が尋ねると、黙って春代のノートをさしだしてきた。最後のページに伸郎の文字が並んでいた。

「自分は迷っていた。本当なら今すぐにでも春代に電話をしたい。それは痛いほどわかっている。春代が書いたノートを読んでしまったからにはもうすることはひとつだけだ。だけど、できない。なぜって、あれほど仕事一筋だったオレがあっさり辞表を出したから。

こんなオレの豹変ぶりを知らせたら春代だって驚くだろう。今さら何なのって。

オレはどうすればいいんだ。

確かにおふくろとの生活はとまどいの連続だ。

段取りが悪いの、心がこもってないのと叱られっぱなし。これほどまでに口うるさいとは思わなかった。料理になるとしゃんとするってどういうことだ？　仕事のほうがまだましだ。春代はよくこれに耐えてきた。本当にすごい。

何と言ってもあのノートは最高だ。オレは春ノートと名づけた。三人の春がやってくるノートだからだ。これは今やオレの生きる道になった。

珈琲の入れ方、料理の作り方が細かく書いてある。オレにも作れる。それだけじゃない。お客さんの好みまでひとりひとり丁寧に書いてある。これって感想を毎回聞いていたから書けたんだろうな。春代の笑顔が眼に浮かぶようだ。

オレは決めた。正直に今の気持ちを伝えよう。

そして戻ってきてくれと頼んでみるのだ。ノートにあった言葉、
お客様の前に立つ伸郎さんの姿を見てみたい。

このノートがきっといつか役立つ日がきますように。

という期待に応えるために」

【村長のひと言】


自分の親が認知症と診断されたとき、ひとつの葛藤が生まれます。

「まさか、そんな、うちの親に限って…」

というフレーズが何度も頭の中をぐるぐるします。

困難な事態に陥ったとき、立ち向かっていくか、逃げるか、無視するか、は人それぞれです。

その決断をするのは、まぎれもなくそこにいる当事者です。その決断がどのような未来をもたらすかは誰一人としてわかりません。


大事な人が病になったとき、あるいは、何らかの事情で離ればなれになったとき、自分はどんな行動をとるだろうか、私も自問自答の日が続きます。

## 【介護のマメ知識①】

### おもな認知症のタイプ別特徴

1．アルツハイマー型認知症

・嗅覚から衰え、悪臭に気がつかない　・最近のことを忘れる

・緩やかに進行する　・本人が楽観的であまり気にしない

・事実と異なることを話すことがある（作話）　・治療薬がある

2．血管性認知症

・脳血管障害が起こるたびに、段階的に進行する

・気分が落ち込んだり、何かをしようとする意欲が下がる

・哀しくないのに泣いたり、おかしくないのに笑ったりする（感情失禁）

・記憶障害は重いが人格や判断力は保たれることが多い

・動脈硬化の危険因子を抱える男性に多い

・脳血管障害の再発を防ぐことで進行を予防できる

3．レビー小体型認知症

・人物や動物、昆虫など、詳細な幻覚や妄想を見る

・初期では手がぶるぶると震えるが、進行すると筋肉が固くなって震えが止まる

・歩行が小刻みになり、転倒しやすくなる

4．前頭側頭型認知症

・興味、関心が薄れると、会話中でも立ち去ってしまう

・抑制がきかなくなり、万引きや信号無視など社会ルールに違反することがある

・交通事故の危険があり、早い段階から注意が必要

・同じパターンの行動を繰り返す

・50歳くらいから発病することがある

参考：いつまでも元気にみんなの認知症ケア　監修　浦上克哉

# 第2章　言葉がつないだ縁

# 母の死

大学を卒業して地方公務員となった和夫は、どうも性に合わないという理由で辞表を提出した。このとき三十三歳。安定した職業なのにと父親の吾郎は反対したが、母親を味方につけてあっさりと辞めてしまった。

個人塾を開校したのは、母親の友人の子供の勉強を見たのがきっかけだった。気さくな和夫は、生徒から質問しやすい先生として評判になった。

それから二十一年。

周囲には大手の学習塾が点在する中、個人塾を営むのは苦労の連続だった。しかし、

「よし、いいぞ。君ならもっとよくなる。きっとな」

「次のテストはここがでる。しっかり復習しよう」

時には唾をとばしての熱心な講義が評判をよび、成績が上がる教室として地域に根づいていった。

少子化の中で個人塾が生き残るのは容易ではない。だが、決して手を広げ過ぎず、自分の目の届く範囲で授業をしてきたのが結果的に継続できる要因になった。

四年前に自宅を改修したのは吾郎の手によるものだった。口数の多くない父が、

「生徒がちゃんと勉強できるようにしなきゃダメだぞ」

自ら言いだし、材料を仕入れて部屋を改築した。どこにそんな腕があったのかと和夫は改めて見直したのを覚えている。

母は母で、帰りが遅くなった生徒におにぎりを作ったり簡単な料理をふるまったりしていた。

「育ちざかりの生徒だから何でもいいの。まずくったって大丈夫」

と憎まれ口をたたいたりもしたが、母の手料理を食べるために遅く帰る生徒も出てきたりした。

家族で和夫を盛り立ててくれたのである。

そんなある日、母が心筋梗塞で亡くなった。受験がもうすぐ本格化する十二月中旬。霜が庭一面に降りた寒い朝の出来事だった。

母親は、庭で勢いをます雑草を鎌で刈り取っていた。太陽が高く昇らぬうちに作業を終えようとしたのだが、気がついたときには汗びっしょりとなっていた。そろそろやめようと立ち上がったときにふらついたのが始まりだった。初夏の陽気もあり暑かったせいだろ

うと思っていたが、繰り返し起こるとそれだけの理由では説明がつかなくなる。父も心配したが、結局は本人次第ということで病院を強くは勧めなかった。

今から思えば早くかかっていればという思いが霞んでは消えていく。


母の死後、徐々に二人の生活は変わっていった。和夫はこのとき独身。女性と交流する機会が少なかったせいもあるが、もともと活発に出かけて行くタイプではなかった。生徒の前では情熱的になるのだが、女性の前にでると途端に控えめになる。

和夫は、ここは自分がしっかりしなければと決意し、食事に掃除、洗濯、何でも引き受けた。受験対策と相まってめまぐるしい日々だった。

一方吾郎はといえば、頬杖をつきながら庭を眺めてはため息をつき、ただぼんやりと一日を過ごしていた。

高校受験が終わってまもなく和夫は吾郎に声をかけた。

「親父、おふくろが亡くなって二ヶ月が過ぎたぞ。たまには外に出てみたらどうだ」

「あぁ、わかってるよ。そろそろな……」

「そのセリフ、何度も聞いたよ。もう真冬でもないいし。身体を動かし始めるにはいい頃だ」

梅の香りが漂う季節になっていた。

和夫は、受験を終えてほっとする間もなく新年度の準備と家事全般をまかなう必要性により、疲労がたまってきた。それに加わり、何もしようとしない父親に対する不満が募っていった。不満がたまっていくとかける言葉も乱暴になっていく。

「いつまでも寝てるんじゃないよ。誰が世話を焼いていると思っているんだ」

知らず知らずと顔がこわばるのを感じる。

「おふくろはもういないんだ。どうしたんだよ。あの頃に戻ってくれよ」

あの頃とは、改築に汗水流した頃だ。

一度、休日に無理やり連れだそうとしたが、駄々をこねるように抵抗した。

「もういいんだ。俺にかまうなよ」

それ以来、和夫は声をかける気持ちが急速にしぼんでいった。

## ひきこもりの父

父親の吾郎は、電機メーカーに勤めていたが、リーマンショックの影響による事業縮小で退職を余儀なくされた。定年まであとわずかという年齢のためそれほどのショックはなかったが。夫婦だけでなく息子も家にいての生活は、とてもにぎやかな日々だった。和夫の学習塾で学ぶ生徒たちと会話するのもその日々に彩りをそえている。

しかし、妻の死後はうつむき加減の背中が小さくまるくなっていったのである。


吾郎は次第にやせ細っていった。身長は百六十㎝ほどだったが、体格は良く七十㎏は超えていた。それが、母の死後、二ヶ月ほどで五㎏やせた。決して和夫が料理の手を抜いていたわけではない。逆に何とか食べさせようと好みを聞いては作っていたのだ。残した皿を洗いながら和夫は焦りばかりが募った。

「何で食べないんだよ。食わなきゃ元気が出ないだろうに」

「食べてるから大丈夫だ」

答えは返ってくるもののどことなく目の光が乏しくよどんでいる。

和夫は、弱っていく父を目にするのは耐え難かった。

自信を失っている生徒を励ましながらイキイキとさせるのは、和夫の得意分野だ。だが今の自分の声かけは、吾郎にとっては何のプラスにもなっていない。吾郎が受け入れていない様子が手にとるようにわかるからだ。ショックなのはわかる。わかるが家にいたままではもっと悪くなる。歩くのだって危なっかしくなるし、話す相手がいなければマイナスに考えやすくなる。

休日に二人でいても暗くなるだけだ。和夫は、買い物がてら外の空気を味わおうと近所のスーパーにでかけた。

このままだと、どんな状態になってしまうのだろうか。授業中、生徒の顔を見ながら父親の姿を思い浮かべる日々が続くようになった。このままではいけない、生徒に迷惑がかかる、このまま授業を続けていいのか、揺れ動く心がうとましい。

「あれっ、先生ではありませんか。昔、うちの娘がお世話になりまして」

うつむいて歩いていた和夫は、突然の声に思わず顔をあげた。

温和そうなメガネの紳士が手を挙げてたたずんでいる。

「いやぁ、先生がぽかんとするのは無理もない。私の娘が小学生の頃ですからね。その節はほんとに助かりましたよ」

和夫はまだ誰だか思い出せないでいた。

「うちに通っていた生徒の親御さんでしたか。それは大変失礼しました。…とはいえまだ思い出せないもので。生徒さんのお名前だけでも教えてもらえませんか」

「ええ、いいですとも。美紀ですよ、美紀。先生のおかげです。いじめにあっていた美紀に気づいてすぐに本人と話してくれたこと。それがきっかけで美紀は友人たちと仲良くなれたんですから」

　和夫は美紀という名前を聞くとすぐに思い出した。本人と話した記憶はさほどないが、おとなしくて控えめな生徒だったと記憶している。

「いや、先生。久ぶりにお会いしてこういうお話をするのもなんですが、どうかなさいましたか？　ずいぶんと怖い顔をされてますよ」

　メガネ紳士の問いかけにハッとした和夫は、

「いけないですね、そんな顔してちゃ。生徒が寄ってきませんよね」

「ええ、そうですとも…」

　紳士はそう言いながら名刺を取り出し、和夫に渡した。

「もし、何かお困りのことがあれば言って下さい。いつでも駆けつけますよ」

　名刺には、サンタ村村長と記されてあった。

## 意外な行動

　それから一ヶ月がたった。相変わらずこもりきりの父を気にしながらも授業をおろそかにするわけにはいかず、和夫は睡眠時間をけずって過ごしていた。窓から見える山々の緑が勢いをまして育っている。たまにはあの山を登ってみたい気がしないでもない。

だが、今の状態では無理だ、そう思っては断念していた。

「先生、なんかこげくさいんですけど」

生徒のひとりが鼻を左右にふりながら和夫に声をかけた。

「そうか…、ちょっと待てよ」

和夫もつられて鼻を動かしてみた。確かにどこからか臭ってくる。どうしたものかと迷っているうちに、

「先生、下から煙があがってくるよ」

二階の窓から下を覗いていた別の生徒が指をさしている。和夫は慌てて自宅の一階に駆けおりた。ガスの炎が煮つまった鍋をこがしている。火を消して換気扇のスイッチを入れる。和夫は怒りで身体が震えた。

「親父、何してんだ。火事になっちまうぞ」

和夫は声を荒げて吾郎の部屋に向かった。障子を開けると、そこには口元に白く細い棒をくわえている父親の姿があった。

「いつから、それを…」

話すのと手が一緒に出た。和夫はそれを奪って外に出てかかとで踏みつぶした。

「まさか、まさか……」

とつぶやきながら。

父親は煙草をくわえていたのだ。しかも吸い終わるとそのまま消しもせずに捨てていた。

それが布団の上にこげをつくっていた。ひとつどころではない。畳にも、着ている服にもある。

父親は若い頃は煙草を吸っていた。だが、和夫が塾を開くようになってからやめたのだ。生徒に悪影響だと言って。

それが今、いや今じゃない、もっと前に破られていた。それにしても煙草は親父が買いに行ったのだろうか。だとしたら、昼だけでなく夜も気をつけなくちゃいけない。火事になったらおしまいだ。

和夫が怒るだろうと思ったのか、吾郎はそそくさと布団をかぶって横になってしまった。

「親父、ダメだ。後始末ができないようなら絶対煙草は吸うなよ。家に火が燃え移ったら死んでしまうぞ」

和夫は盛り上がっている布団に向かって叫んだ。

和夫は吾郎が何をしているのかが気になって仕方がない。物音がするたびに一階におりて、どこにいるのか、布団に煙草は落ちていないか、トイレは行ったのかを確認した。吾郎が動くたびに反応すると集中できなくなる。今の和夫はまさにその状態であった。

和夫は、嫌がる父親を無理やり診療所に連れて行った。このままでは、おかしな行動がエスカレートするのではないかと思ったからだ。結果は、軽度の認知障害だった。薬が処方されたので、和夫は正直ホッとした。これで夜は眠れるだろうとひそかな期待がふくらんだ。

だが、その期待は三日ともたなかった。今度は、一日寝たきりの状態が続くようになった。トイレにも行こうとしないのだ。声をかけても上の空の返事が続く。無理に起こそうとすると抵抗し、そのままにしておくと失禁となる。夏の講習は目前に迫っている。夏休みともなると朝から生徒はやってくる。その状態で介護などできるのだろうか、和夫は半ばやけ気味になってきた。

## 美紀の訪問

村長から和夫の様子を聞いた美紀は、日が立つにつれ気になってきた。

専門学校を卒業した美紀は、女性の美しさに磨きをかける化粧品業界で働いていた。夏の商戦は競争激しく、昔の恩師とはいえ心配をしている余裕がなかった。ただ、美紀は和夫に感謝の気持ちを忘れた日はなかった。いつかは恩返しをしたいと思っていた。

太陽の日差しが肌を突き刺すようになった七月の後半、仕事を早めに切り上げ、美紀は懐かしさと親しみを携えて和夫のもとを訪ねた。

「先生、いらっしゃいますか？　お久しぶりです」

生徒たちのにぎやかな声を予想して訪れたのに教室はひっそりとしている。テストでもしているのかと思いながら玄関のチャイムを押した。

返事がない。何度かチャイムを押し、声もかけたが人の動く気配がない。誰もいないのに待っていても仕方がない、とあきらめて立ち去ろうとしたとき、ぬっと顔をのぞかせた人がいた。

その人はパジャマ姿で登場するなり、いきなり美紀に喋りかけてきた。美紀は聞き取ろうとしたがどうにも難しい。ごめんなさいと言って帰ろうかという思いと話をもっと聞いたほうがいいのではないかという思いが交錯する。少し間をおいて、迷いを振りきるように美紀は尋ねてみた。

「どうかされましたか。顔色がすぐれないようですよ」

「うぅ、お、おなかが減ったんだよ。こ、これから工場に行かなくちゃならないんだ」

どもりながら喋るので聞き取りにくいのは変わらなかったが、あきらめずに聞いていたのがよかったのだろう。どうにか理解できた。

「そうですか、おなかがすいたんですね」

美紀は、目の前の人物が和夫の父親ではないかと察し、丁寧にゆっくりと答えていった。同時に家の中の様子を見て、すぐに村長を呼び出した。


このとき、和夫はあちこち歩き回っていた。薬を飲んでいてもよくなる兆候は見えず、かえってひどくなる一方ではないかと和夫は思い始めていた。日に日に介護量が増えていき、とりわけ排泄に注意する必要が生じた。食事も一緒に食べないとポリ袋に入れてしまったりする。体力が衰え、歩くのも転倒に注意しなければならない。

「いったいいつまでこの状態が続くんだ？　親父の介護がオレの人生か」

和夫は天に向かって叫びたくなった。

「生徒には頑張れと言い続けてきたが、オレにはもうその資格はない。このありさまなんだから」

和夫は自暴自棄になりかけていた。

# 私の宝物

歩き疲れて帰ってきた和夫は、家が騒々しいのに驚いた。しかも救急車の赤い回転灯がまわっている。

「どうしました。親父が何かしましたか」

「先生、いいところに。実は美紀がこちらに伺いましたところ、お父様の様子がおかしいことに気づきまして。私が駆けつけて救急車を呼んだのです」

村長が答える。美紀は久しぶりにあった和夫にちょこんとお辞儀をした。

「おそらく薬の飲み過ぎではないでしょうか」

和夫は村長親子に礼を述べたが、徐々にこぶしに力が入っていく。

「こんなに迷惑をかけやがって。今度は薬かよ。親父のくそったれが」

和夫の悪態ともいうべき言葉を黙って聞いていた村長は、悲しそうな表情を浮かべて見守っていた。和夫にどんな言葉をかけたらよいのか思案している風だ。だが、その沈黙は美紀によって破られた。

「あの、先生。私が言うのもなんですけど。今の先生は何か違ってる。私たちに元気を吹き込んでくれた先生とは違う」

和夫は、美紀に向き直りひと呼吸おいた後、静かに口を開いた。

「美紀ちゃん、いや美紀さんか。大きくなったね。自分はもう限界なんだよ。正直どうしたらいいかわからない。教科書に書いてある内容は理解できても、人相手だと途端に見当がつかなくなる。先生としては失格だな」

肩を落として語る和夫に情熱のかけらもなかった。

「先生、あきらめるのはまだ早いですよ。あのときを思い出して下さい。私がいじめにあって学校に行かなくなったときのことを。先生はノートの切れ端に書いた私の走り書きに気がついてくれたじゃないですか」

和夫は、そうか、そうだったよな、と記憶の糸をたぐりよせた。かすれるような鉛筆の文字で「きえてなくなりたい」そう書いてあった。机の下に落ちていた切れ端だ。それを拾いあげたとき、身体が熱くなるのを感じた。誰が書いたものかわからない。だが、うちの生徒であるのは間違いない。ならばどうする。自分ができることは何だ。

和夫は誰が書いたかを探るよりもまず書かなければと思った。では何て書く。何度も書いては消した。消し続けてようやく

「消えるなんてできない。できないんだからできることから始めよう。君ならきっと大丈夫！」

と書いておいた。

「今度は先生の番です。私が言うのも恥ずかしいですけど、お父さんは苦しんでいらっしゃるようです。こんなときこそ先生がいちばん必要なんです。必要なときにいないっていうのは寂しいじゃないですか」

美紀の熱意が通じたのか、和夫は空を見上げたままずっと涙をこらえていた。

数日後、美紀に頼まれた村長は和夫の家の前を通ってみた。和夫は二階で授業の真っ最中だったが、村長を見かけると勢いよく降りてきた。父親はまだ入院中だったが和夫には生気がよみがえっていた。

「娘さんには正直驚きました。あの切れ端まだ持っていたんですね。今度は先生の番ですとその紙を渡されましたよ。これは私の宝物にしないといけませんね」

和夫は村長にその紙を見せ、お礼をいうとすぐさま二階に上がっていった。

村長は娘のいきさつに驚き、何も知らない自分を恥じた。また、そのときの和夫の対応に感謝した。和夫の父親が早く退院する日を願い、退院したら私にも少し出番がありそうかなと思いながら村長は和夫の教室を後にした。

【村長のひと言】

和夫が、落ちていたノートの切れ端に何も書いていなかったら、美紀はどうなっていたでしょう。あるいは、塾生がいたずら好きな生徒のものと推測して、書いてある一文に、「透明人間になって○○をいじめてやろう」などと書き足したとしたら、美紀はどんな気持ちになったでしょうか。

落ちていた紙にどんな意図がこめられていたのか明らかでないにも関わらず、和夫はこれ一大事とばかりに言葉を書き記しました。そして、破って捨てた紙に励ましの言葉を見届けた美紀は、もう一度頑張ってみようという気持ちになりました。

映画「猟奇的な彼女」で、「偶然とは努力した人に運命が与えてくれる橋」という言葉があります。私は、「偶然とは努力しようとする人に運命が与えてくれる橋」と書き加えたいと思います。

偶然とは不思議なものです。不思議な偶然ならば、明るい未来へとつながる人との縁を結んでいきたいものです。

## 【介護のマメ知識②】

### 軽度認知障害の兆候

認知症の進行を遅くするには、軽度認知障害や発症初期の段階で発見し、治療を始めるのがポイントです。本人に「何か変」との自覚は芽生えますが、目に見える障害として現れないため発見が難しい側面があります。以下の兆候を見逃さず早期発見を心がけましょう。

※①～⑤が重複して度々起こる

①記憶障害

今、何をしようとしたのかわからなくなることがしばしば起こる。

②時間の見当識障害

日付や曜日がわからなくなったり、何かの出来事を思い出さそうとしても、どのくらい前のことなのかわからなくなる。

③性格変化

疑い深くなったり、怒りっぽくなる。逆に信じやすくなったり、穏やかになる。

④話の理解困難

「次はこうするけどダメならこうする」など少し複雑な話の理解が困難になる。作り話やとんちんかんな応答もある。

⑤意欲の低下

長年続けてきた趣味をやめたりする。生きがいにしてきたことをやめるのは危険な兆候。うつ病と誤診されやすいが、治療方法が異なるため注意が必要。

参考：いつまでも元気にみんなの認知症ケア　監修　浦上克哉

# 第3章　受け入れる勇気

# 会社からの電話

　診療所の事務員として働いてきた典子。七つ上の夫はトラックドライバーを八年前に引退し、家庭菜園にいそしむ日々だった。夫の畑を手伝う回数が増えるにつれ、典子も土にふれる楽しさがわかるようになってきた。六十五歳になったのを機に仕事を辞め、二人で野菜作りに励むようになった。

　そして三年後、典子が六十八歳、夫が七十五歳を迎えたとき、物語が動き始める。

　二人には哲也というひとり息子がいる。

　大学を卒業した後、大手建設メーカーに就職したため、全国各地の支店で勤務することとなった。その哲也に異変が現れたのが四十八歳になったばかりの梅雨の頃だった。

　典子はどうしたものかと思い悩んでいた。哲也の様子がおかしいのだ。ようやく地元の支店に戻り、自宅から通えるようになったのだが……。

「今日は何を買ってきたらいい？」

「えっ、さっきチラシを渡したじゃない」

「チラシ？　そんなのもらってないよ」

「哲ちゃん、ポケットをさがしてみな。あるはずだから」

洋服の上から触り始める哲也だったが見つからない。その様子を眺めながら典子は次第に眉が寄ってくる。品物が赤い文字で書いてあるスーパーのチラシにマルをつけて渡したのにと思う。

「ほい、わかった」

あの調子の良い返事は何だったのだろう。首をかしげながらリビングを出て行く哲也を典子は目で追った。
二、三分後哲也は戻ってきた。
「うっかりしちまった。自転車のかごに置いてきたんだった。俺としたことが」

問題となったチラシを振りながら入ってきた。

「ほら、やっぱりそうだったじゃない」

典子は口元をゆるめながら哲也の尻を勢いよく叩いた。

真夏の日差しがそこまで来ている水曜日。

掃除と洗濯がひとくぎりついた十時過ぎに乾いた電子音が鳴り響いた。見知らぬところからの電話には出ないと決めていた典子だったが、その電話番号には見覚えがあった。哲也の会社からだ。

「すみません、突然電話してしまって。ちょっとお聞きしたいことがありまして」

ひととおりの挨拶のあと、言いよどみながら話すのは哲也の上司と名のる人物だった。

「実はお母さん、最近、哲也さんに変わったところはありませんか？　気になる行動とでも言ったらいいのでしょうか」

「哲也に…ですか…？」

このとき、典子は迷った。気になる行動は確かにある。あるのだが、それを素直に伝えてよいものかどうか。自分の話で哲也に迷惑をかけたくないし。

「たとえば、どのような？」

会社の人物は、少々お待ち下さいと言って保留音に切り替えた。相談でもしているのだろう。ほどなくしてメロディがやんだ。

「実はですね、このところ、哲也さん、打合せの日にちを忘れる、会議資料の提出ができていなかったりが続いているんです。いや、決して毎回とかではないのですがね」

オブラートに包んで伝えようとしているのだろうが、最後のフレーズが典子に突き刺さる。

「そんなにたびたび、ですか？」

「いや、いや、大丈夫ですよ。安心してください」

典子は、安心という言葉がこれほど不安をかきたてるとは思わなかった。

「お父さん、哲也なんだけど、どうしよう。知恵を貸して、ね、お父さん」

梅雨が瞬く間に過ぎ、昼間の外出を避けるようにとの連絡が頻回になってきた。熱中症の注意を呼びかける防災放送が一日に三回くらいある。冷房のきいた部屋で典子は夫に語りかけていた。

その夫は七月に入ったばかりの日曜日、天国へと旅だった。くも膜下出血だった。あまりにあっけなかったので涙が出る余裕さえなかった。畑に出て一緒に野菜をつくるのが楽しくなってきた矢先の出来事だった。

「折角、親子で一緒に過ごす時間が増えたと思ったのにね。今度はお父さんが天国に長期出張とはね」

典子は、大根を片手に持って笑顔を振りまく夫の写真が大好きだった。公務員時代とは全く違った日焼けした顔。泥だらけのズボン。たくましくなった腕。机に向かって仕事していたとは到底思えないほどの変身ぶりだ。

「お父さん、哲也は大丈夫かしら…」

夫の笑顔を見つめたまま典子はただ座り続けていた。

## 迷い人

翌年の夏がやってきた。

典子は、医師に相談するべきか、様子を見続けたほうがよいのか迷っていた。

その後、哲也をめぐる環境は徐々に変化していった。会社から電話があってほどなくして営業から事務部門に配置転換になったのだ。やはり約束を忘れるのは会社の信用にもかかわるからだろう。哲也としても自分に原因があるのはわかっているに違いない。帰宅して二人で食事をしているときに仕事の話になるが、このところあまり話したがらない。曖昧な返事が返ってくるだけだ。

典子としても詮索するのもどうかと思い、顔色だけをうかがっている。

そうしてまた次の夏がやってきた。典子は七十歳、哲也が五十歳のときだった。

東の空に紫雲が浮かぶ早朝、典子はおよそ二㎞の道のりを歩いて帰ってきた。小鳥たちのさえずりを耳に残しながら歩く散歩はとてもさわやかだ。うっすら汗をかくと身体全体に活力がよみがえる感じがする。

以前はさほどこたえはしなかったのだが、最近は暑さにぐったりする日が増えてきた。

太陽が顔をのぞかせる前に戻ってくるのが大事と切に思う。

玄関からリビングに入るといつもいる顔がいない。まだ寝ているのかと思いつつも扇風機を浴びていると
「今日は哲也さん、お出かけですか？　自転車に乗って勢いよく飛び出していったけど」

庭先から声をかけてくれたのは、サンタ村の村長だった。

「あら、おはようございます。村長さん。うちの哲也ですか？　自転車？」

確かにいつもの場所にあるはずの自転車がない。典子は首をかしげざるを得なかった。

「いつもなら行先ぐらい言って出かけるんですけどね。どこに行ったのかしら」

「そうですか。…いや、顔つきがやけに、こう、なんて言いますか、思いつめたような感じだったものでね。声をかけるひまもなかったですよ」

「まぁ、そのうちに帰ってくると思うんですけどね。いつもありがとうございます」

笑顔で返すが典子の内心は心配と言う文字で埋め尽くされていた。

典子が村長と知り合ったのは、採れた農作物を家の前で売るようになってからだ。

急死した夫の畑を典子が引き継いだわけだが、今やそれが生きがいにまでなった。小さ

いながらも購入してあった耕運機の操作を覚え、雨の日以外は必ず畑に出て作業するのが日課になった。近所の人たちと作物談義に花が咲き、競争するように野菜を育てた。

そうなると、自分たちで食べているだけではもったいない。近所の人にも安価で買ってもらおうと典子は考えた。幸いにもこの地域では、年に何回か自宅を開放し、訪れるお客様をもてなす取り組みが催されている。里を歩くのがブームとかで、春から秋にかけて、若者から年配の人たちが立ち寄り、にぎわうようになってきた。そこにサンタ村の村長がひょっこり現れたのだ。

「やはり愛情かけて自然とともに育てた野菜は違いますね」

村長は、笑顔で語りかけながら、並べてあるなすやきゅうり、ピーマンなどを両手に抱えきれないほど買っていった。典子は嬉しくなった。自分の分身でもある野菜を喜んで買ってくれる人がいる、そう思うとますます意欲がわくようになった。

村長はその後もたびたび訪れては、典子においしさを伝えては買っていくのだった。

お昼のニュースが始まった。だが、むせかえる庭には人の気配はない。あまりの暑さに蝉も小休止のようだ。このまま待つしかないのだろうか。去年迷ったときに無理やりにでも病院に連れていけば良かったとくちびるを噛んだ。哲也に相談したのがいけなかった。本人が認めないだろうなというのは予想がついた。案の定、自分は健康だよと言いはり、話は終わった。それでも何とか連れていく手立てをとればよかったのだが、ずるずると月日だけが過ぎてしまった。

三時を過ぎた。日差しは強く気温が下がる様子はない。

どこかで迷子になっているかもしれない。いい大人に向かって迷子と呼ぶのはどうかと思うが実際そうなのだ。行先を告げて出かけても家に戻って来れない回数が増えていたのである。その度に典子が迎えに行っては一緒に帰ってきた。だが、今日は場所がわからない。お昼過ぎにいつも行くスーパーに出かけてみたが哲也はいなかった。そうなると行き先の見当がつかない。

流れる汗を拭きながら家を歩き回っていると電話がなった。村長からだった。

「哲也さん、見つけましたよ。だいぶ歩かれた様子なんですけどね」

典子は、思わずへたり込んだ。安心と疲れが身体を急激に襲った。

最初、哲也は村長に声をかけられても無視をしていた。思いつめた表情、まっすぐ見つめた瞳は、誰をも寄せつけまいと主張していたかのようだった。

村長は、いったん声をかけるのをやめ、後ろからついていった。競歩のようなスピードで歩く哲也につくのは容易ではなかったが、離されると見失うのは間違いないと思い、汗だくになりながら必死の形相で追いかけていった。追いかけて二㎞ぐらい歩いただろうか。

歩行速度が落ちてきた頃合いを見計らい、村長は気づかれぬように先回りをした。交差点で右側から左側に移り、次の交差点で横断し、そこで偶然出会った形をとったのだ。それでも一回目は失敗。声をかけても知らんぷりをされた。さてどうしたものかと困った表情をしたのも一瞬、村長は同じように二回目を敢行。これもダメ。よしっ、ならばと三回目。今度はサンタ村の職員を呼び、両側から並んで歩くようにしてようやく事なきを得た。

自転車は家から数百メートルのところで乗り捨ててあった。それからあちこちを歩いたようだ。熱中症にならなくて本当に良かったと周りの誰もが思った。

「哲也さん、お医者さんには連れていかれたのですか？」

「いいえ、本人に拒否されてから機会をなくしてしまって…」

「そうでしたか。ならばこのお節介の私が一緒に参りましょう」

村長は、典子から哲也の生活の様子を聞いて、すぐさま診療所へ電話をいれたのだった。

## 若年性認知症

哲也は、若年性認知症という診断だった。典子はそうかもしれないという思いとそんなはずはないという打ち消す気持ちがぶつかり合っていた。あんなに元気だった哲也が、お年寄りの病気だとばかり思っていた認知症になるとは……。すんなりとは受け入れがたかった。

「だってまだ五十歳。ほかの人たちはバリバリ働いているというのに」

「いったい、この先どうなっていくのかしら」

「頼れる人はもういない。私が何とかしなければ」

典子は、朝起きてから寝るまで、哲也と自分の行く末を考えては眠れぬ夜を過ごした。

村長は、憔悴しきっている典子を前にどのような声をかけるべきか言葉を探していた。

診断を受けた哲也は、ぼんやりとして過ごす日が多くなった。当然仕事は休み家で何をするわけでもなくごろごろしている。見かねた典子が声をかけても、生返事を繰り返すだけ。出かけても帰れなくなる日がさらに増えてきた。

家の周りで排尿する姿も見られるようになった。

「お母さん、今の現実をまずは受け入れていきましょう。まずは今ある現実と起こりうる現実をしっかりと洗い出してみましょうよ」

「もちろん、そうしたいのはやまやまなんですけどね。私ってこんなに悲観的だったかしらと思うほど悪いほうにばかり頭が働いてしまうのよ」

「そうですよね。抱えきれないほどの現実が押し寄せてくる可能性がありますものね」

「私には無理かもしれない…」

典子は今の状況を改善する手立てはそう簡単には見つからないと思い込んでいた。そこを打開するには、一つひとつ丁寧に解きほぐしていくしかない、と村長は思っていた。

「哲也さんの仕事の状況はいかがですか？」

「今のままでは勤められないでしょう。事情を話して理解してくれるならいいんですけどね。いきなりクビを言い渡されたりしたら哲也だって相当ショックなはずです」

「お母さんが今悩んでいらっしゃることってほとんどが憶測です。憶測では解決できません。まずは事実を確認していくのです」

「事実ですか？」

「哲也さんの現実を事実として受け止めていかなければ、お二人の展望が開けてまいりません。どんな現実であろうとも受け入れる勇気を持ちましょう」

村長は、良いとか悪いとかの判断をせずに、ただありのままを受け入れることですと典子に力説した。とまどいを隠せない典子だったが、村長の熱心な説得に少しずつ心を開いていくのだった。

【村長の一言】

働き盛りの年代を襲う若年性認知症。

この場合は、子どもが親の介護をするのではなく、親やパートナーが介護することになります。

家族は混乱し、何で、どうして、などの疑問が次々とわいてきます。

すると、悲観的な予測が目の前に現れてきます。

ネガティブなイメージを振りはらっていくには、一つひとつ事実をつまびらかにし、現状がどうなっているのかを客観的に見つめていくしかありません。

その際には、必ず家族や公的機関、地域の人たちと連携をとって行っていきましょう。

救いの手は常に身近に存在しています。

## 【介護のマメ知識③】

### 認知症の中核症状

1．記憶障害

アルツハイマー型では、新しい記憶から古い記憶へとさかのぼって忘れていく。血管性認知症では、症状は人により異なる。

2．見当識障害

最初は、時間、次に場所、最後に人物の順に認識が薄れる。

3．実行機能障害

献立を考え買い物に行き調理するなど、計画を立て、順序通りに実行し、やりとげることができなくなる障害。

4．理解･判断力の障害

的確な状況判断ができなくなり、場違いな行動をとったり、2つ以上のことを同時にできなくなったりする。

5．失行

運動機能に障害がないのに、服を普通に着られない、使い慣れた家電が使えないなど、今までできていたことができなくなる。

6．失語

言いたいことをうまく話せない（運動失語）、相手の話が理解できない（感覚失語）、名称を間違える（錯誤）など。

7．失認

近くにあるものが見えない、人の顔や遠近感がわからないなど、さまざまなことを認識できなくなる。

参考：認知症の9大法則　50症状と対応策　法研　杉山孝博著

# 第4章　エンディングノート

# 弘の入院

「どうかまた一緒に暮らしてくれないだろうか」

手紙にはそう書かれてあった。挨拶とか近況などどこにも書かれていない。離れて暮らす娘を気遣う文言もない。いったいどうしたわけだろう。


この手紙の主は弘子の父、弘だ。わかりやすいといえば聞こえはいいが、どうにも適当につけられた気がして仕方がない。その不満をぶつけても、弘は
「いいんだよ。弘の子だから弘子なんだよ。こんなわかりやすい名前はないだろう」

そう言っては弘子を煙にまいた。

手紙を読みながら弘子はもう何年も会っていない弘の面影をさがしていた。毎日の生活で精一杯なのに何で今さら父と暮らさなきゃいけないのか。悪いのはもしかしたら私なのかも知れない。だけど、家を出ていくことを許したのは、お父さんだったじゃない。

「もう、勝手なんだから」

弘子は、手紙に向かって吠えた。

弘子が自宅でくつろいでいた休日、ひんやりとした風が窓から入り込んできた。雲の動きが速くなっている。午後から雨が降り出すかも知れない。せっかく干した洗濯物を入れるのもどうかなと考えているとき、父の弘がやってきた。

「弘ちゃん、突然ですまないね」

白髪だらけになった頭で深々とお辞儀をしてから、しぼりだすように父は言った。申し訳なさそうに話す父に、自立した女の意地をぶつけてやろうかとも思ったが、弘子は黙ってスリッパを差し出した。

弘と妻の順子は共働きで小さいながらもお店を営んでいた。食料品から生活用品まで取りそろえ、要望があれば配達まででした。二人とも働き者の夫婦だった。

やがて二人には弘子が生まれ、笑顔のあふれる日々が続いた。

だが、バブル崩壊後、三人の生活はバラバラになっていく。

弘子の就職はうまくいかず、アルバイトで生活費を稼がざるを得なかった。二人の店は、コンビニやスーパーの波に押され、年々売上は落ちていった。

そんなとき、弘が交通事故にあった。花見から帰ってくる途中、弘が歩いていた横断歩道に軽トラックが突っ込んだのだ。運転手が酒に酔っていたらしい。三ヶ月間の入院を余儀なくされ、この間、順子ひとりで店を切り盛りした。

順子はひとりで朝から晩まで働いた。気立てもよく愛想のよい順子は、近所でも評判の人気者だった。

町内会の集まりには必ず顔を出していた。弘がそうした席が苦手だったので、代わりに出席していたのだ。

当然、誰とでもそつなく会話ができる順子はひっぱりだこだった。そんな順子に思いを寄せる者が現れた。弘が入院した機会を狙っていたかのように順子を誘う。不思議と順子も、その相手を強く拒もうとはしなかった。

噂は瞬く間に広がっていく。その後、どういういきさつがあったのかはわからないが、順子とその男は弘の店を去っていった。


「お母さん、本気なの。嘘でしょ。嘘よね。…嘘って言ってよ」

弘子は母からの言伝に耳を疑った。順子は弘と別れて別の男性と暮らすというのだ。受話器を持つ手の震えが止まらない。

弘子は、母の行動を許すわけにはいかなかった。父が入院している最中に家を出ていくなんて信じられない。

この事実を父は承知しているのだろうか。

弘子の心配をよそに、弘は順子の行動をあっさりと受け入れた。

## 順子の願い

リビングに座った弘から一冊のノートが手渡された。手に取って開いてみると、あまり上手とはいえない文字が並んでいる。

「これはねぇ、順子がつけている日記なんだよ」

弘の声がか細いので聞き取りにくかったが、確かに日記のようだ。

「これが何？」

弘子はイライラして怒った声を出した。

「お前なら知っているかと思うが、これは順子のエンディングノートみたいなものだ」

「エンディングノートって。お母さん、何かあったの」

「うん、お母さんは認知症になってね。少しでも記憶のあるうちにメッセージを残しておきたいそうなのだ」

「だからって私には関係ないわ。もうあれから二十年以上よ。私はお母さんがどこで何をしていたのなんかちっとも知らないんだから」

弘子はさらに続けた。

「お父さんだってそう。あれほどダメだと言ったのにお母さんを許したのはどうして？ちっとも説明してくれなかった。それが今さら一緒に住もうなんて」

「本当にすまないと思っている。今になってお願いするなんて…な。でも順子のノートにそう書いてあるものだから」

弘子は改めて目を落とした。少しこすれてよれている表紙。読んでみたい気もするが、どうしても今はページをめくれなかった。

父と一緒に暮らすように書いてあるとしたら、きっと何か理由があるのだろう。でも今は、自分の人生に影を落としてきた二人の行動に対する憤りで一杯だった。

「今日のところは帰って」

ノートを弘に押しつけながらせきたてるように帰りをうながした。

順子が弘と再会したのは、七年ほど前になる。一緒に暮らした男とは別れたそうだ。その後、腰痛を患い、行く末を考えて心細くなったのか順子は弘に電話をしたらしい。

「お父さん、お母さんの自業自得ってものよ。なんで面倒見てあげるのよ」

弘子は反対したが、

「だってなぁ、助けを求めてくる相手をむげにできないよ」

弘はそういって車で迎えに行くのだった。

## 弘子の恋話

弘子には、学生時代からつき合っていた彼氏がいた。だが、アルバイトで暮らす自分にどうしても納得できず、結婚の申し出があったとき、もう少し先にしてと説得した。そんな時に順子が家を出る事件が持ち上がった。父を置いて嫁に行くのもどうかと思い、三十歳になるまで待ってと彼氏に伝えた。

そして迎えた三十歳。お店を切り盛りしていたくらいだから、料理や洗濯などお手の物だと思っていたが、弘はほとんど何もできなかった。弘子は熱心に教えた。家事いっさいを引き受けていた順子の見よう見まねだったが、父と一緒に暮らす日々は悪いものではなかった。これなら自分が家を出ても大丈夫かなと思い始めたとき、彼氏からの電話が鳴った。

忙しさを理由に彼と会う回数は減っていた。弘子としては、今は我慢のときと言い聞かせ、それは相手もわかっていてくれると信じていた。

　翌日、弘子は彼氏と喫茶店で会った。二ヶ月ぶりだ。落ち着いた雰囲気で昭和を感じさせる小物が置いてあるお店だった。名前を「サンタ村」という。

「ねぇ、あの約束覚えてる？　私たち三十歳になったね」

　弘子は心臓の鼓動が高まるのを感じた。コーヒーの香りが立ちのぼっている。

　先ほどから固い表情の彼が口を開いた。

「君との約束は忘れたことはない。でも、……ごめん。本当にすまない。あのとき君と強引にでも結婚していればこんなことにならなかったと思う」

　どうやら彼には別の彼女ができたらしい。

「そうか、そうだったんだ。そうだよね」

　弘子は彼を責める気にはなれなかった。結婚はタイミングよと誰かが言っていたがまさにその通りになった。

「親が不幸せな道を歩んでいるんだから私もそうなるのよ」

　彼が去った後、弘子はただぼんやりと外を眺めては自分に言い聞かせていた。

　弘子は彼と別れた後、ひとり暮らしを始めた。

　誰にも頼らずに生きるんだという決意を心に刻んで…。幸いにも就職口はすぐに見つかった。

心に傷をおった別れの喫茶店に出向かなくなる人は多いが、弘子は違った。コーヒーの美味しさにひかれて、あれから何度も通ったのだ。自分は案外引きずらないタイプなのかもと思いつつ。

そこで声をかけてきたのがサンタ村の村長だった。この喫茶店は、村が経営母体だった。村長は時間をつくって頻繁に訪れていた。訪れるだけでなく自らコーヒーをお客さんにふるまう日もあった。あの別れ話のときも二人のやり取りを聞いていたらしい。

村長は、通い続ける弘子が、実は快活で屈託のない笑顔が魅力的な女性だと気づいた。そこで、もしよければこの村で働いてみないかと誘ったのだ。独立したばかりの弘子もアルバイト生活にサヨナラしたいと思っていたのですぐに飛びついた。

## 弘の告白

そして、今回の出来事だ。弘との関係は順子のもとに通うようになってから疎遠になった。親は親で勝手にすればいいと思ったからだ。だが、母が書いているというエンディングノートの中身だけは知っておきたい気持ちがある。

父が病院で臥せっているときに恋に落ちた母、許せるものではないがどんないきさつがあったのかは知っていてもいいのかなと思う。父が母の行動を許した内容が書いてあるかも知れないからだ。

村長に相談すると、案外あっさりと「知っておいたほうがいい」という。その言葉に後押しされた弘子は、父に電話をかけた。

「もう一度、母のノート、見せてもらえない?」

「順子は、最近は自分の名前も書けなくなってきてさ。私と一緒にいるときの写真を見せたりしながら書いているんだよ」

サンタ村で父と子は会った。今日は村長も一緒にいる。弘子が頼んでおいたのだ。

弘は、笑顔を浮かべながらノートを取り出した。一冊しかないと思っていたが、もう三冊目に入っているという。

弘子は一冊目を受けとって静かにページをめくっていった。そこには確かに記憶の中にある母の字が、わざとくずしたように見える文字が連なっていた。健康状態や住んでいた場所、預貯金などが誰が読んでもわかるように書いてある。

亡くなった後に残された生命保険や年金など、手続きをとるにしてもどこに書類があるのかさえわからないケースが多いと聞く。その点、このノートがあると家族は助かる。

「弘子さん、ここ」

村長がさした先には、

「弘さん、ありがとう」

の文字が必ずページの片隅に書いてあった。二ページ目も三ページ目も……。

「君のお母さんは、優しい人なんだね」

村長が感心したように言った。

「そんなことないですよ。私や父を裏切った人なんですから」

弘子はムキになった。

「今までが好き勝手し放題だったからお詫びの言葉を書き並べているのよ」

弘子の怒る様子をじっと見つめていた弘は、

「弘子、ほんとに迷惑かけたな。でも母さんを怒らないでやってほしい。責められるのは俺の方なんだから」

うつむきながらしぼりだすように弘は語り始めた。

「お母さんには好きな人がいたんだ。二年後輩で同じ町内の男だ。それを自分が強引に引き裂いてしまった。あることないことを吹き込んで」

「えっ、お父さんが…」

「あの頃は若かった。もうわき目もふらずに交際を迫った」

穏やかな父からは想像がつかないくらい情熱的だったのだろうか。弘子はにわかには信じがたかった。

「自分と一緒になるのがどれだけ素晴らしいか、彼と結婚しても幸せになんかなれないよと力説してね。確かに彼の家は当時借金を抱えて火の車だったんだ。でも彼に罪はない」

弘はひと呼吸おいてさらに続けた。

「順子と結婚してからね、そのことだけはいつも引っかかっていた。正直に謝るべきかってね。順子にもその彼にも」

弘はさらに続けた。

「自分と結婚が決まった後、順子は彼と正式に別れを告げなければいけないと思ったらしい。それなら自分が話すから大丈夫と伝えた。でも順子は承知しなかった。自分はあせった。だって彼の悪口をさんざん言ってきたのだから」

「それでどうなったの」

「順子は、結局会わずに手紙を送って別れを告げた。その返信の手紙が箱にしまわれてあった。それを自分は読んでしまったんだよ」

「彼からの手紙には、順子のことが本当に好きだったこと、だけどすっぱりあきらめること、家の借金を返済するため必死に働くこと、などが書いてあった。でも最後の言葉が強烈だったな」

「えっ、なに、どんな言葉？」

「すべて彼はお見通しだったってこと。オレが順子を好きなことは知っていたからね。自分の悪口を言いふらさなくても、正直に伝えてくれればきっぱり身を引く覚悟はできていた、そんなメッセージだったよ」

「それを知ったお母さんはなんて」

「順子はすべて承知して自分と一緒になってくれた。でも、…ね。わかるんだよ。彼女の気持ちが。その手紙をじっと読んでいる姿を想像してしまうと自分自身が情けなくなってね。だから二人が仲良くなるように仕向けたんだ」

「お父さん、何言ってるの。仕向けたって」

「交通事故で入院したろう。あのとき、ひと芝居打ったんだ。順子には俺がもう助からないと言ってな。だから、自分の気が変わらないうちに昔の彼と一緒になってもいいと伝えた」

　噂とは違う話を弘子はただ呆然と聞いていた。二人にそんないきさつがあったとは。それで彼と一緒になって、何らかの事情があってまた弘のもとに戻ってきたのだ。

弘子は自分が立ち入れない世界が横たわっているのを感じた。二人が今幸せであるならそれでいいような気がした。

「何よ、お父さんとお母さんは、別れたり一緒になったり。羨ましいったらありゃしない。私なんんか、もうおばさんよ。元気のよいおばさんで通っているんだから」

弘子はそういって村長に顔を向けた。村長は首をふりながら、

「お父さん、弘子さんはね、うちの看板です。とても評判の良いおねえさんです」

三人は顔を見合わせて笑った。父娘でこんなに笑ったのはいつの頃だったろう。

弘子は、ゆっくりとかみしめるように父に向かって言った。

「最初は私も顔を出すだけでいい？　お母さんのところに。それで、お父さんと一緒にお母さんのエンディングノートをつくろうか」

弘はまじまじと弘子を見つめて、

「ありがとう。苦労かけたね」

その言葉を聞いた途端、弘子には涙が浮かんだ。だが、すぐにそれをかき消すように、

「ついでにお父さんのエンディングノートも一緒に作ろうよ」

と言った。

村長は、サンタ村にまたひとつ明るい話題が増えたことを静かに喜んでいた。

**【村長の一言】**


エンディングノートが話題になっています。

「自分に「もしものこと」があったら、家族は困らないだろうか」私は時々考えます。

このくらいは言わなくてもわかるだろうと考えがちな方は特に注意が必要です。家族であろうとも自分が想像している以上に相手のことはわかりません。

恋愛時代はあんなに語り合っていたのに、年齢を重ねるに従い、「最近、会話が少ないわね」と思われる方、心当たりのある方、そろそろ始める頃合いかも知れません。

何も構える必要はありません。

自分の趣味、興味のあること、行ってみたい場所、夢、希望、チャレンジしたい分野、などから書き始めると空白を埋めていくペースが上がっていくと思います。

するとエンディングノートは自分を振り返るだけでなく、新たな自分を発見するスターティングノートの役割を担う面もありそうです。

## 【介護のマメ知識④】

### 認知症の周辺症状（行動・心理症状）

1．心理症状

抑うつ…自信を失い、意欲や気力が低下する。落ち込む。

幻覚…実際にはないものが見える、ない音が聞こえる。

興奮…突然興奮して怒り出す。大きな音を立てる。

不安・焦燥…自分の状況と現実のズレに不安や焦燥を覚える。

睡眠障害…体内時計の乱れなどによる、不眠、中途覚醒など。

妄想…物忘れと被害意識により物を盗まれたと思い込む。

せん妄…意識が混濁し幻覚を見る、意味不明の言動をとる。

性的異常…不適切な状況や相手への性的問題行動がみられる。

人格変化…元々の性格が強くなる。あるいは変わってしまう。

2．行動症状

多弁・多動…何時間もしゃべり続ける。じっとしていられない。

暴言・暴力…周囲の人に暴言を吐く、暴力をふるう、物を壊す。

失禁・弄便…トイレ以外の場所で排泄してしまう、便をいじる。

徘徊…ひとりで外出し無目的に歩き回り、帰れなくなる。

食行動の異常（異食・過食・拒食）…食べ物ではないものを食べる異食、必要以上の量を食べたがる過食、食べなくなる拒食など。

※中核症状と周辺症状は、別々に現れるのではなく、中核症状がベースにあり、その上で周辺症状が起こる。

参考：認知症の９大法則　50症状と対応策　法研　杉山孝博著

# 第5章　いばりんぼう紳士

# 販売の男

勢いよく走りだす夫の背中に
「行ってらっしゃい」

声をかけてから亜紀子の一日が始まる。

夫の克也は家電量販店の店員として抜群の実績をあげていた。

さほど接客が上手だとも思えない夫がなぜ表彰されるのか不思議だったが、その度に報奨金を渡してくれるのはありがたかった。


克也には近所に住む同じ会社のライバルがいた。

店は違っていたが、全店で一，二位を争うほどの実力の持ち主だ。ライバルだったが、羨ましがられるほど二人は仲が良かった。

仕事を離れればお酒を真ん中に置いて杯をさしつさされつの関係だった。ライバルは独身だったので、時折、亜紀子が手作りの料理を差し入れていた。

「あいつのおかげでオレは売る魅力、お客様に買っていただくありがたさを教えてもらったようなものだ。だからこれからもずっと刺激し合う仲でいたいなと思っているんだ」

亜紀子は、酔いがまわった克也の口からライバルの話を何度も聞かされた。


そのライバルが突然いなくなった。亡くなったのだ。

「本当に、あいつが……。嘘だろう？」

「あいつと最後にあったのはいつだったろう」

「そうだ、近所のスーパーだった。買い物をして帰るときに出会った。買い物かごには野菜や刺身、肉が並んでいた。もちろんお酒も」

克也は、思い出している様子だった。

「何を食べたんだろうな。自分で料理して酒飲んで…。きっとうまかったんだよなぁ」

亜紀子は、ライバルに思いを寄せる夫をただ黙って見つめていた。

あたりはもうすっかり夜になっていた。星が夜空に瞬いている。

克也が勤めていた会社は、豊富な品ぞろえで順調に業績を伸ばしていった。活躍が認められ若手の育成役としてもその能力を発揮するようになった。支店数も二十を超えるようになり、地域でも愛されるお店としての地位を確立した。

しかし、全国展開する他店との競争が激化し、売上高は年々減少。リストラを行うも業績は回復せず倒産の憂き目をみる。克也は大いに奮闘したが最後には力尽きた。

ただ、もともと販売力があったのですぐに就職先がみつかり、家族を路頭に迷わせる事態にはならなかった。六十歳で定年を迎えた後は、そのまま契約社員として残り確かな販売実績をあげて売上に貢献した。

六十五歳ですっぱりと会社を辞めた。亜紀子とともに旅行を楽しみながら残りの人生を過ごそうと思ったからだ。

だが、母親の死をきっかけに変化が生じてきた。

## 説教する男

「おい、こんなにきたなくてどうする。ちゃんと掃除しておくんだ。何度言ったらわかるんだ」

玄関から大きな声が聞こえてきた。亜紀子は、また始まったという顔をして台所で洗い物を続けていた。

「おい、亜紀子。聞こえているのか。何やってるんだ」

「はいはい、今行きますよ」

これ以上放っておくとエスカレートするばかりなので、頃合いを見ながら亜紀子は夫の前に登場する。

「遅いじゃないか。どこに居たんだ」

「台所よ。食事の後片づけしてたのよ」

「ああ、そうか」

克也は安心したのか先ほどの怒りはどこに消えたのか穏やかな表情に戻っている。

克也の様子が明らかに変わってきている。

突然怒りだしたかと思うと説教を始める。とりわけ手持ちぶさたな時顕著に表れる。

亜紀子は一つひとつ理由をつけて反論していたが、それだとさらに怒りを増すので最近は素直に従うふりをしてやり過ごしていた。

相手が聞く姿勢をとると、怒りを持っていく場がなくなりおとなしくなる。亜紀子としては、いちいちつきあっていられないのが本音だった。

さらに先日などは、

「友だちの家に行ってくるよ」

と言って十時頃出て行った。友だちって誰だろうと思ったが顔が思い浮かばない。

お昼の時間になった。財布は持って出たかしらと首をひねっていたらちゃんとテーブルに置いてある。歩いて出かけたのならもう帰ってもいいはずだと思い始めたとき、派出所から電話があった。

「え〜、お宅のご主人、迷い人になっておりますようで…。迎えに来ていただけるとありがたいんですが」

「えっ、あっ、すみません。すぐにうかがいます」

亜紀子は思いもよらぬところからの連絡に慌てた。汗がひとすじ背中を流れた。

それから十分後、亜紀子は車をとばして派出所の前に立った。すると派出所の中から大声が聞こえてきた。

「だから最近の警察はダメなんだ。ちゃんと道案内しろって言うんだよ。確かあいつの家はこの辺なんだよ」

「すみません。主人がご迷惑をおかけしまして」

「何言ってるんだ。迷惑なのはこっちだよ。この人は礼儀ってものを知らねんだよ。いくら頼んだって知らないの一点張りだ。それで務まるのかって」

「あなた、いい加減にしたらどう？　おまわりさんも困っているでしょ」

亜紀子は克也の袖を引っ張って外に出ようとした。

「いやね、奥さん。この人、ご主人が話されていること…、昔住んでいらっしゃった方の住所を尋ねられている気がするんですよ。ずいぶん前の記憶を頼りにされているみたいで」

「何を言ってるんだ。勉強不足でしたと言って謝るのが筋ってもんだろう」

亜紀子は、そのとき気づいた。もしかしたら、と。

「お父さん、私に免じておまわりさんを許して下さい。この方は、まだお若いでしょ。私たちが生きてきた時代なんてご存じないのよ」

「あっ、そうなのか。それは悪かった。申し訳ない。ごめんなさい」

急に態度が百八十度回転した。警察官は、敬礼をして二人を送り出した。

克也もそれに合わせて敬礼の仕種をした。

先ほどの怒りはどこかに飛んでいったようだ。


亜紀子はこのままでは介護疲れでまいってしまうと思うようになってきた。

何しろ、急に怒りだす。怒りだしたかと思ったら外に出かける。出かけて帰ってくるならまだしも帰って来ない。帰って来ないどころか、あちこちで説教を始めている。その度に迎えに行くのは本当にいやになる。

病院に連れて行こうとすると、

「どこも悪くないのにそんなところ行けるか。冗談じゃねぇぞ」

と言ってすごむ。しまいには、

「お前は俺から離れちゃいけない。もし事故にあったらどうなる？　心配じゃないか」

そう言って亜紀子と常に一緒にいることを望んだ。

亜紀子はそれでも耐えた。今まで仕事に家庭に頑張ってきた夫に対して今こそ恩返しをしようと思っていたからだ。それでも、こんなに始終くっつかれたのでは本当にうっとうしい。

亜紀子はストレスが破裂寸前までたまってきた。買い物などその最たるものだ。

克也にショッピングカートを押させている間に品物をさがすふりをして離れてみたことがある。だがそれは一瞬にして終わった。待っていてと伝えたのにもかかわらずついてくるのだ。

どうやら置いてきぼりにされるのが不安らしい。とにかく早く病院で診察を受ける必要がある。そこで亜紀子は、連れていくための口実を考えた。

「私ねぇ、最近身体の具合が悪いのよ。食欲がなくてね。ちょっと病院に行ってくるから家で待ってて」

そう伝えて出かけようとした。すると、

「そりゃ俺も行くよ。どんな病気なのか聞いておく必要がある」

案の定、克也は亜紀子のつきそい人として一緒に行動したのだった。

病院内では家族で健康診断を受ける必要があると医師から伝えてもらい、克也はようやく受診できたのだった。

## 民生委員登場

亜紀子の作戦が成功したおかげで克也はいくぶんか落ち着きを取り戻した。亜紀子は胸をなでおろしたわけだが、相変わらず怒りっぽさだけは改善されなかった。説教を始めるとエスカレートしていくのだ。

亜紀子は克也がお説教を始めるのは、おそらく新人を育てる意識から来ているのではなかろうかと思うようになった。販売の先生として新人を育成した経験があるからだ。

そんなある日、地区の民生委員がやってきた。五十代のはきはきと喋る元気のよい女性だ。名前をトミ子という。

「お宅の場合は大丈夫そうね。おふたりで仲良くされて…」

「おい、誰だ。うちは間に合っているぞ。押し売りは帰ってくれ」

克也が声を張り上げながらやってきた。民生委員は目を白黒させて亜紀子をみた。

「この方は民生委員さんよ。あやしい方じゃないから」

亜紀子の話を聞いて安心したのかぶつぶつ言いながら部屋に戻っていった。

「いつもあんな調子なんですよ。気に入らなくなるとすぐに怒り出すんです」

「あら、それは大変ですね。いつも仲良くされているという評判だったもので少しびっくりしました」

「仲が良いというのかしらねぇ。離れてちょうだいと言っても聞いてくれないんですよ。なんやかやと理由をつけて。時々いい加減にしろって蹴とばしたくなりますよ」

トミ子は、亜紀子の悩みを知るのだった。


一週間後、再びトミ子がやってきた。

亜紀子はこの民生委員が熱心に地域の家庭を訪問していると聞いた。ひとり暮らしの家は誰かが注意してやらないと何か起こっていても手遅れになるというのが足しげく通う理由だ。克也との会話は、

「お〜、久しぶりだねぇ。よく来た」

から始まる。ところが、会話が盛り上がってくると必ず勧誘が始まる。

「あなたは立派だ。どうだ、うちの会社で勤めてみないか。教育担当の私が、立派な営業

に育ててあげるぞ」

「はい。ありがとうございます。ぜひお願いしたいところです。でもいったん家に戻って考えさせてくださいね。今働いている会社に迷惑かけられませんから」

「そうだ、うん。では今度会ったときには返事を聞かせてくれよ」

このフレーズが出てくると話が終わり、奥に引っ込んでいく。

「ご主人は、仕事が生きがいだったんですね」

トミ子の言葉に亜紀子はお茶をいれながらうなずく。

「そうなんです。テレビや冷蔵庫、ステレオやカメラ、何でも売っていたんです。でもね、今でこそガミガミ、もういやになるほど喋りますけど、家では静かな人だったんですよ」

「そういうタイプの人、男の人には多いんじゃない」

亜紀子は次第にトミ子と過ごすひと時にやすらぎを感じ始めた。


トミ子が何度目かの訪問をしたとき、亜紀子に自分の考えを伝えた。

「ご主人を気遣ってよく面倒を見ていらっしゃると思います。いつも二人で行動するなんて簡単に出来るものではありません。ただ、ひとりの時間をもつことも必要です。だからね、どうにかしてご主人を連れ出したいとずっと考えているんですよ」

亜紀子はトミ子の親身なアドバイスに感謝し、自分でももっと考えてみようという気持ちが芽生えた。

そして数日後。

亜紀子と克也が散歩中に、左側の歩道から手を振る人がいる。誰かと思ったらトミ子だった。

「今日は散歩日和ですね～。どちらに行かれるんですか？」

道を隔てて叫んでいる。亜紀子も負けじと

「散歩がてら買い物に行こうと思って。この人に荷物を持ってもらってね」

笑いながら叫びかえす。克也がすかさず

「奥さん、一緒に行きませんか」

と声をかけてきた。トミ子は、

「あらっ、いいの？　お邪魔でしょ」

と言いながら亜紀子の隣に並んで一緒に歩き始めた。秋の日差しが心地よく、赤トンボの群れが目の前を通り過ぎていく。

買い物を終え、そろそろ家に帰ろうと克也が話すタイミングを見はからって亜紀子が口火を切った。

「喉が渇いたわねぇ、コーヒーを飲みましょうよ」

と亜紀子。トミ子が
「美味しい店があるわ」

とすかさず応じる。それに押される形で克也が
「ウン」

と言う。

亜紀子とトミ子の打ち合わせ通りの展開となって、三人は喫茶店で腰を落ち着けた。もちろん喫茶店は「サンタ村」。

トミ子は、村長の知り合いだった。これには母親とのエピソードを語る必要がある。三年前、母親はひとり暮らし。朗らかで世話好きな人だった。よく母親の様子をみては血筋だなぁとひとり感心していた。あちこち動き回っているのが日常だったものだから、トミ子は安心しきっていた。

ところが、夏の暑い日、夕方尋ねたら玄関は開いているのに声をかけても返事がない。冷房も入っていない。異変を感じたトミ子は、母親の名前を呼んだ。すると、うめき声が聞こえてきた。二階に続く階段の下に母親は倒れていたのだ。骨折だった。

助けを呼ぼうと思って表に飛び出した。出くわしたのが村長だったというわけである。

それ以来のつきあいになる。

## 村長の助言

トミ子は亜紀子の了解を得て、三人のやり取りを村長に聞いてもらい、克也の今後について相談してみようとしたのだ。

村長は、いつものようににっこり微笑んで、窓際に座る三人に、

「今日はどんな音楽をかけましょうか？　他にお客様がいらっしゃらないので皆様に選ぶ権利があります」

そう言って、バックミュージックの選択を依頼した。すると、

「あなたはいいねぇ。素晴らしいよ。接客の基本ができてるよ」

いきなり克也が村長をほめ始めた。

「ありがとうございます。疲れた身体をいやすには音楽が最高ですから」

「そうだよ、その通りだよ。どうだ今度こんなとこやめてうちの店で働かないか」

早速の勧誘が始まった。どうやら村長は眼鏡にかなったらしい。

「お客様、ありがとうございます。ですが…」

「いいからさっさと仕事やめるんだ。お客がいないじゃないか。どうせサービスがなってないんだよ。うちにきたらイロハから教えるぞ」

雲行きが怪しくなってきた。村長は店をたたまなくてはいけない。

ひとしきり克也の話を聞いていた村長は、

「ちょっとお待ち下さいね」

と言って克也の前から姿をくらました。そして、二，三分後再登場。何事もなかったかのように現れ、

「お仕事ご苦労様です。おいしいコーヒーが入っておりますので一杯いかがですか？」

と言ってカップを克也に手渡した。

「いやぁ、すまないねぇ。ありがとう」

克也もすっきりした顔で椅子に座り、音を立てて飲み始めた。


「トミ子さん、あの方には仕事が必要だよ」

数日後、村長の店にトミ子がいた。あの方とは、克也のことだ。

「商売について、自分の経験をたくさん伝えたいんだろうなぁと思うよ。でも言葉がうま

く出てこない。出てこないので腹をたてたり、逆に憂鬱な気分になったり、急に不安になったり、そんな気持ちがないまぜになって怒りにつながっているんじゃないだろうか」

トミ子は、村長の話をそのまま亜紀子に伝えるつもりだった。

「村長、どうすればいいでしょうか？」

「うん、まずはあせらないことだね。家の中では、窓ふきでも風呂掃除でもできる仕事をやってもらうんだ。で、終わったら、すごいとかいってほめる。助かったといって感謝する。これを繰り返せば徐々に改善に向かうんじゃないかな」

「わかりました。亜紀子さんに話します」

「散歩もいいよ。今日のように待ち合わせてもいいし、ここで落ち合ってもいい。人と関わる機会をたくさん作っていきましょう」

「村長、克也さんにまた勧誘されますよ〜。覚悟しておいて下さいね」

「ほんとだね。今から営業のプロになろうかなぁ」

村長は苦笑しながらもまんざらでない様子。トミ子が調子に乗るなと声をかけようとしたそのとき、

「あっ、それとね」

村長は、亜紀子の時間がつくれるようにもう一つの案をトミ子に授けたのだった。

【村長のひと言】

認知症になると、今まで温厚だった人が急に怒りっぽくなったり、短気だった人がさらに短気になる場合があります。個人差があり一概には言えませんが、不安や恐怖を感じる、心配事が増えたりすると攻撃的になる傾向が強いようです。

また、自分の役割の喪失感が強い人の場合、どうにかして打開したいという気持ちが焦りになって、言葉がきつくなってしまうケースがあります。

聞く側は、ゆったりとした気持ちを持って接する必要があります。

昔の記憶を引き出し、当時は大変でしたね、活躍されたんですね、などの言葉かけを行い、精神面の安定につながるようにしていくことが大切です。

また、環境面でも配慮が必要になります。これは認知症の方全般に言えることですが、わかりやすい表示や案内があるととても安心します。例えば、

「電気のスイッチはここ」「ドアは押して開ける」「トイレは右→」

など、言葉や図などを使って表現し、見やすい場所に貼っておきます。

家族で声を掛け合い確認し合うとコミュニケーションにもつながり、心が落ち着きます。

## 【介護のマメ知識⑤】

### 認知症をよく理解するための９大法則･１原則

第１法則：記憶障害に関する法則

記銘力の低下：新しいことを覚えられない

全体記憶の喪失：大きな行為そのものの記憶を失う

記憶の逆行性喪失：蓄積されたこれまでの記憶が、現在から過去に遡って失われていく

第２法則：症状の出現強度に関する法則

いつも世話してくれる最も身近な介護者にひどく出て、時々会う人、目上の人には軽く出る

第３法則：自己有利の法則

自分に不利なことは一切認めず、認知症があるとは思えないほどすばやく言い返してくる

第４法則：まだら症状の法則

症状が進行しても、しっかりした部分は残る

第５法則：感情残存の法則

認知症の人がその時抱いた感情は相当時間続く。認知症の人は感情に鋭敏

※後半部分は介護のマメ知識⑥に記載

参考：認知症の９大法則　50症状と対応策　法研　杉山孝博著

# 第6章　遠くて近い仲

# 離婚の立会い

裕一はどうしたものかと思案にくれていた。両親が離婚するというのだ。

これから話し合いをするからお前立ち会えとの父親からの電話。突然の話にとりあえず駆けつけたのだが……。四つ下の弟、浩二にも連絡をとったが忙しいとかで今日は来ない。

「慰謝料はなしでいいな」

「何言ってるの。さんざん好き勝手なことしてきて。本来なら、あんたにもその愛人とやらにも私は請求できる権利がある。だけどまぁ、お金がないのはわかっているからね。むしり取ったって仕方がないわさ」

「ふん、お前が俺に少しは優しくしてくれりゃこんなことにはならなかったんだ。だいたい毎日のようにだらしないとか意気地がないとか言われてみろ。誰だって嫌になっちまぁ」

「冗談じゃないよ。あんたの稼ぎが悪いんだからさ。励ますつもりでいってきたんだ。それのどこが悪いってんだよ」

裕一はいつまで続くんだろうなぁとぼんやりしていたら、いきなり

「お前はどっちが正しいと思うんだい」

母親から鋭い質問がとんできた。

「えっ、うん、まぁ」

「ほんとに父親に似てうっすらだねぇ。だからうだつがあがらないんだよ」

母親は昔から手厳しい。

「まぁそんなに言い合いばかりしててもさぁ。結局、どうしたいわけ、おふたりは」

二人の喧嘩は年季が入っている。裕一が中学生になった頃から始まった記憶がある。学生時代は、仲直りしてほしいと何度も訴えたのだが、成人した今はお好きなようにという感じだ。

結局、父親が家を出て母親が今住んでいる家をもらう結末になった。裕一と浩二はそれぞれ離れて暮らしているので、しばらくは母親ひとりで生活することになった。

このとき、父親は五十五歳、母親が五十三歳、まだまだ血気盛んな年頃だった。


裕一と浩二は、役割を分担しようと話をし、母親を裕一、浩二が父親と主として連絡をとるようにして、家族がバラバラにならないようにした。ただ、それも弟が大学を卒業するまでだった。兄弟二人が社会人になると仕事中心の生活になり、それぞれが親を訪れる回数は減っていった。

一方、両親はというと、男女の仲というのは不思議なもので、離婚はしたものの父と母の縁はその後も続いた。母親は仕方がないのよと言っていたが、ひとり暮らしを紛らす格好の相手として楽しんでいたようだ。

そんな父ががんで亡くなったのは、七十三歳の春だった。冬は乗り越えたのだが、気温の寒暖差が激しい春に体調が悪化し、回復しないまま旅立った。

母親と裕一は、葬式には参列せず、実家を訪れて線香だけ上げさせてもらった。父親の姉から、離婚してもよくしてもらってありがとうの言葉をかけられると、気丈な母も涙を浮かべていた。

## 離れて暮らす母と子

裕一はひとりで暮らす母を案じながらも、一緒に住む決断はできなかった。社会に出て間もなく会社の同僚と結婚し、通勤に便利な場所に居を構えたからだ。二人の子供にも恵まれ、兄妹そろって小学校に通うまでになった。母親と一緒に住むとなると転校を考える必要があるし、自分の職を変えなければならないかもしれなかった。それは難しい、というのが現在の裕一の結論だった。

弟に頼もうとしたが、

「おふくろは兄貴だろ」

のひと言で淡い期待は消滅した。関西に住んでいたのでまぁ無理もない。

母にその旨を伝えると、

「お前に面倒見てもらうほど落ちぶれちゃいないよ」

と言って年寄り扱いされるのを嫌った。

こうして、父の死後、母と裕一、それぞれの生活が始まった。

母は活動的な人だったので、あちこち出かけてはグループの面々をにぎわしていた。フラダンスのサークル、カラオケ倶楽部、慰問ボランティア、など休む間もなく出かけていた。とりわけ歌は玄人はだしで、発表会では必ずといっていいほど表彰されていた。

時折電話で様子を聞いていた裕一だったが、周囲の人たちとの交流はひとり暮らしに花を添えているようだ。

だがある日、妙にくぐもった声で母親が電話してきた。

「もしもし、裕一かい？　私なんだけどね、どうも熱っぽいんだよ。病院行きたいんだけど自信がなくて」

「そりゃ、早くかかったほうがいいな。仕事終わったら迎えに行くから休んでてくれよ。病院はそれからでも遅くはないだろ」

「そうかい、悪いね」

以前だったら、こんな熱ぐらい平気と徒歩とバスを使って出かけていたのだが。今回は相当具合が悪いのだろうか。

診断の結果、肺炎ではなかったが、体力が落ちているというので、裕一は母親を何日か泊めることにした。最初は静養に努めた母だったが、熱が下がるともうじっとしてはいられない。

「裕一さん、このあたりの散歩コースを教えて」

「もう散歩ですか？　病み上がりなんだから少し休んでいたら？」

何を言ってると言わんばかりに手を横にふりながら、

「すっかり元気だよ。こんな所で寝ているわけにはいかないでしょう。第一、日中、誰もいない部屋でポツンとしてたってつまらないじゃないの」

「早く元気になって家に帰らなきゃね。都会の空気は悪いし、車はビュンビュン来るし」

居てもたってもいられぬ様子で母は外に出ようとしている。

裕一は、母が裕一と一緒に暮らしたいと言い出したらどうしようと思っていたのだが、その心配はなさそうだ。

あらかじめ妻とそう切りだされたときの断り方を練習していたのだが…。

## 呼び出される裕一

「今度一緒にカラオケ行こうよ」

自宅に戻って一週間もたたないうちに裕一に誘いの電話が来た。

「カラオケ？　おふくろには仲間がいるんじゃないの？　その人たちと行ったら」

「たまには家族で行くのもいいと思ってさ。家族歌合戦だよ」

裕一は、考えておくよと答えて電話をきった。するとまた一週間後、

「お風呂の電球がきれたみたいなんだよ。交換にきてくれよ」

さらに、

「テレビが映らなくなったんだよ。修理頼んでくれる」

その度に、今度の休みねと伝えておくのだが、明らかに電話の回数が増えた。やはりひ

とり暮らしは寂しいものなのかと思いながら裕一は出向くのだった。

ある日、いつものように用事を頼まれたので自宅を訪れると、母親が怒っている。理由を尋ねると、お前はいつもいい加減だからいけないと攻めてくる。

「どうしたの？　来たら喜んでくれたじゃない」

「そう？　私が？　あなたが来るのは当然じゃない」

今日の母は様子がおかしい。いつもならさっと台所に立ってお茶を入れてくれるはずなんだが。よほど虫の居所が悪いのだろうか。怒りが高まらないように裕一はさりげなく近頃の様子を聞いてみた。

「どうだ、困ったことはないかい」

「困ったと言えばさ、最近は、財布をどこに置いたか忘れてしまうんだよ。ここに置いたはずと思ったところになくてね。泥棒に入られたかと思ったりしてね」

「泥棒？　ひとり暮らしの高齢者を狙ってかい？　でもおふくろ、そんな金ないだろう？」

「そりゃそうだ。うちの家族はみな薄情だからね」

「よく言うわ。こうやって俺がきているじゃないか。それにしても、財布が見つからなかったりしたら外にも行けないなぁ」

言ってから裕一は、「はっ」とした。もしかしたらこれが原因なのか？

「いつ頃だい？　財布をさがし始めたのは」

「そうね。でも、年をとると仕方ない。あきらめてるところもあんのよ」

どうやらいつ頃なのかははっきりしないようだ。電話する回数が増えたのは、財布がみつからなくて困っているときなのかも知れないと裕一は思った。

「せっかく三時間かけてきてるからさ、たまには掃除してやるよ」

「いいよ、しなくても。私が時間見つけてやってるんだからさ。大丈夫なんだよ」

母親は断ってきたが、さっきの件があるので動き出さないと気がすまない。裕一は、浴室、トイレ、台所などをゆっくり見て回った。

冷蔵庫の中に、豆腐がやけに多く入っている。

「なんでこんなに豆腐が入ってるんだ？　十パックなんていらないだろう」

「わたしは、豆腐が好きなんだよ。味噌汁に入れてもいいし、冷奴でも」

「まさか、買ってきたのを忘れてまた買ってきた、なんてことじゃないのか？」

母親は一瞬目を大きくしたが、

「ひとりだから食べきれないんだよ。今日、よかったら持って帰っていいよ」

裕一は会話をしながら日付を見た。賞味期限はすでに過ぎていた。

裕一は、家外の様子も見ておこうと玄関を出た。

物置には、ごみ袋が置いてあった。どうやら回収日が近いようだ。

「これいつ出すんだ？」

袋を持ちながら尋ねると、

「今日中って…。夜だろう。出すのは、暗くなってからで大丈夫なのか。捨てる場所はどこだい」

「表に出てまっすぐ歩いて百ｍぐらいに小屋があるんだ」

裕一は思ったよりも遠いのにびっくりした。さらに、

「分別はどうしてる。みんな一緒になってないか。プラスチックと紙類は分けるんじゃないの？」

ごみの出し方ルールを守らないと回収していかない。分別を母ひとりでできるのだろうか。

「うちの地域は大丈夫だ。そんな細かくしなくたって袋ごとごみ処理車に入れてらい。一緒でいいんだ」

母親は自信を持って答えたが果たしてそうなのだろうか？

# 他愛のない話

　裕一は、改めて母と自分との距離を考えていた。車で三時間かけてくるには一日がかりを覚悟しておかなければいけない。もしこのままの状態が続くのであれば、それほど心配する必要はないかもしれない。だが、そんな保証はどこにもない。ないどころかますます生活していく力は衰えていく。ひとりだと会話する相手がいない。日がな一日、テレビの前に座っているだけでは能力は下降線の一途だ。

　自由気ままな生活と言えば聞こえはいいが、これでは怠惰な生活まっしぐらだろう。もっと母の希望を聞いておいた方がいいのか。

　しかし、改めて思うのだ。自分が住んでいた家だし、母親の暮らしぶりもわかっていたつもりだったが、どうもそうではない。根掘り葉掘りきく必要はないかもしれないが、離れて暮らすにはある程度の状況を把握しておかなければと思うのだ。遅くならないうちに。

「おふくろさんよう、医者にはかかってんのか」

「そりゃ、かかるさ。あちこち痛くなるばかりだからね」

「ふ〜ん、どこの病院だい」

「病院じゃない、診療所だよ。そこでああでもないこうでもないって話をするのが楽しみなんだ」

「確かに、待合室はうば桜が満開だって誰かが言ってたな」

「ふん、そうでもしなきゃやってられないんだ。ひとり暮らしが増えてきてるんだから」

裕一はさらに聞いてみた。

「そのひとり暮らしなんだけど。おふくろは今後もここで暮らすのかい？」

「ああ、そうだよ。ここしか住むところがないじゃないか」

裕一は自分を指さし、

「都会に暮らすっても悪くないぞ」

「まっぴらごめんだね。この前ご厄介になったけどさ。住みにくいっていったらありゃしない」

「何が？　買い物は便利だし、駅にも近いし。何かあったときには病院で診てもらえるし」

「便利、便利ってね。私には性が合わないんだよ。それにもう他人様に世話焼かれるのもうっとうしいってもんだ」

「だけど、年とりゃ世話になるだろうに。意地がはれるのも今のうちだけだぞ」

母は裕一の言葉にうなずきながら、

「その意地ってものが生きる張り合いなんだよ。それがなくなりゃ、私の人生、つまらんもんじゃないか」

「そうか、意地か」

裕一は、自分ひとりでこの家を守ってきた母の気持ちを推しはかりながら、このまま穏やかに年老いていってくれればと思わずにはいられなかった。

それにしても、今日はよかった。他愛のない話だったが、とても自分たちにとって大切な時間だったのではないだろうか。改めて母親の顔を眺めたのだった。

## つながりの店

自宅に戻った裕一は、自分の今後についても考える時間をもった。今の仕事を辞めて家族ともども実家に入るのはできない。でも子供たちが社会人になったとき、どうするかはわからない。妻はなんて言うだろうか。一緒に引っ越すと言ってくれるだろうか。

まぁ、それはのちの課題として置いておこう。まずは、もし何かあったとき、緊急連絡が入ったときの対応を考えておく必要がある。

第一、母親が倒れたとき、自分のところに連絡が来るのだろうか。それは確認しておかなければと思う。仮に来たとして、すぐには駆けつけられない。ではどうするか。親戚、近所の人、母の知り合い。ダメだ、まったく親交どころか、思い浮かべられる人がいない。

裕一は、ここまで考えて、

「なんてことはない。自分が知り合いを増やすのが大切なんじゃないか」

とひとり呟いた。ではいったい誰に相談していけばいい？

「裕一よぅ。うちに来たんならあそこに顔を出しとけよ。きっといいことあるからさ」

そういえば、母親が名前を出して勧めていたな。なんて言ったっけ。確か……。サンタ村とか言ってたな。

次の日曜日、内緒で母親の住む村にやってきた。よく出かけるという喫茶店に顔を出して、普段の様子を聞こうと思ったからだ。そのお店は村の中心にあった。にぎやかな話し声が飛び交っていた。素朴な外観からは想像がつかないほどのにぎわいだった。

座ってコーヒーを注文すると、すかさずカウンターに座っていた年配の女性が、

「あらっ、どこかでみたことあるわねぇ。あなた、私に見覚えない？」

「よっ、始まったよ～。留美さんのナンパが」

すかさず、奥に座っていたこれも高齢のオヤジさんが合いの手を入れる。

「黙ってんだよ、あんたは。この村はね、知らない人や寂しそうにしている人がいたら声をかけて仲間にするんだよ。それがここのしきたりってもんだよ」

裕一は、戸惑いながらもこの雰囲気が好きになった。すると奥から、

「お客さんは、この村に知り合いの方でもいらっしゃるんですか？」

と穏やかに話しかけてくる店主と思しき人がいる。裕一はうなずきながら、

「ええ、そうなんです。ひとり暮らしの母親が住んでおりまして」

「もしかして、えんぎ屋さんとこの息子さんかい」

留美さんと言われた女性が、目をくりっとさせながら声をかけてきた。

「そうです。昔、えんぎ屋と名乗ってたみたいで」

「お～、どこか面影があると思ったよ。なら話がはええや。村長よう、コーヒー一杯サービスしてやってくれよ」

「これだからねぇ、耕さんは。店の維持も大変なんだよ。おまけばっかりしてるとさぁ」

留美が調子のよい耕さんをたしなめる。

「いいんだって、いざというときは皆でカンパするからさ。オレを除いて」

カウンターで笑いが起こると、他の客もなんだかんだと話に加わってくる。裕一は、笑みを浮かべながらコーヒーを口に入れた。

「おふくろは、いい所に住んでいるんですねぇ。安心致しました」

お客の話し声がやんだとき、裕一は村長と呼ばれた人に向かって話しかけた。

「息子さんの話は、えんぎ屋さんがよくお話になってますよ。面倒見のいい息子だって」

「そんなことを言っているんですか？　意外です。自分には、すぐ来いだのどこぞへ連れてけばっかりですけどね」

村長は、にっこり笑いながら今度は漬物を出してきた。

「これ、ここで育てた白菜を漬けたものなんですよ。よかったら食べてみてください。お母さん、漬けるの上手ですよね」

「えっ、これ母のですか？　そうですか、母がね」

裕一は、母の違った一面を見た気がした。

「ひとり暮らし、ひとりになりたいときはひとりになればいい。でもなりたくないときにすぐ来れて楽しむ場、これがないとね」

村長は、裕一と初めてとは思えぬほど気さくに話しかけてくる。その暖かさに思わず裕一自身も笑顔になる。

「村長、皆さん、母に何かあったとき、宜しくお願いします」

裕一は、サンタ村の人たちに向かって、何度も何度も頭を下げるのだった。

【村長の一言】

住み慣れた場所で暮らしたいと高齢の多くの人が思っています。かといって介護する役割を担う子供たちも、生活基盤のある場所を離れられない。こうした場合、親の元に通って介護する形となります。

同居していればすぐに対応できることも離れているとそういうわけにはいきません。親の住む地域との連携が必要になります。

そういう意味で、地域の方たちとの触れ合いを大事にする、公的機関を活用する、などの対応を早めに取っておくのが望ましいと思われます。

いきなり地域との触れ合いと言われてもと思われた方、そういう場合は、例えば自宅周辺のゴミ拾いを隣三軒まで広げたりすると声を掛け合う機会が広がります。自分でできる一歩が大事になります。

文明の利器では、湯沸しポットやテレビを操作すると、離れて暮らす家族にその情報が送られるタイプの物があるそうです。有効に活用したいものです。

## 【介護のマメ知識⑥】

### 認知症をよく理解するための9大法則・1原則

第6法則：こだわりの法則
　ある一つのことに集中するとそこから抜け出せない。周囲の人が説得したり否定したりすればするほど逆にこだわり続ける
第7法則：作用・反作用の法則
　強い対応をすると相手からも強い反応が返ってくる
第8法則：症状の了解可能性に関する法則
　相手の立場に立てば、たいていのことは理解できる
第9法則：衰弱の進行に関する法則
　認知症の人の老化のスピードは非常に速く、認知症でない高齢者の２～３倍のスピードで進行

原則：認知症の人が形成している世界を理解し、大切にする。その世界と現実とのギャップを感じさせないようにする。
　認知症の人の話が、たとえ事実と違っていても、否定して正しいことを伝えるのではなく、本人の世界に合う言葉を選びながら話をしていく。

※前半部分は介護のマメ知識⑤に記載

参考：認知症の９大法則　50症状と対応策　法研　杉山孝博著

# 第7章　火事場の和歌子

# アクシデントの連鎖

「えっ、わたし？」

病院の一室で和歌子は、ベッドで横になっている母に向かって尋ねた。

「悪いわね。もうあなたしか頼る人がいないのよ。仕事で忙しいのはわかるんだけどお願いね」

母親の雅子が点滴を受けながら横になっている。声がくぐもっており、聞き取りにくいがその表情から祖父母のことだとわかる。

雅子が悪いと訴えたのは二日前。和歌子が仕事に出かける支度で一階と二階を行き来している最中に呼びとめられて耳打ちされたのだ。それがわずか数日のうちに入院という事態になるとは……。

和歌子は、百貨店で若者向けの洋服を扱う店の店長に春からなったばかりだった。売上目標をことごとくクリアするだけでなく、後輩の面倒見も良かった。まだ三十歳を前にしての抜擢だった。研究熱心であり、組み合わせ方や着こなし方を独自の視点から提案できるセンスは顧客から好評だった。恋愛よりも仕事に生きがいを見出していると言ったらいいだろうか。だからと言って男性に対してお高くとまっているわけではない。本人いわく、縁がないということだ。


その和歌子の周辺にふってわいたような出来事が立て続けに起こった。

まず、祖母のフミが入院した。診療所で診察した医師から、すぐ病院に行くよう勧められ、その日のうちに入院。狭心症の診断。カテーテル手術が必要とのこと。祖父の幸男は、一緒に付き添っていたが、入院が決まり医師からの注意点を聞いたあと帰宅。

「着替えを持っていかなくちゃな」

と言いながら、クローゼットの上段にあった衣類を取り出そうとして踏み台から転落。腰をしたたかに打ちつけたのでこちらも病院へ。動けなくなったので救急搬送を依頼。幸いにも手術の必要はなかったが、痛みがなくなるまで安静を言い渡される。

そして、今度は母だ。どうやら胃潰瘍のようだ。

「我慢するにも程度ってものがあるでしょうに。胃の中が真っ赤だってよ」

「だってね、職場も人手不足だし。家も私がやりくりしないとね」

母は天井をぼんやり眺めながら力なくつぶやいた。

「こんなときお父さんがいれば」

父親の太は、現在北海道に単身赴任中で、そうたやすく帰って来られない。

「お父さんはあてにしないほうがいいわよ」

「そうね、いつだって肝心の時にいない人だから。私の受験のときは、何だっけ、そうだ、お母さんと同じ胃潰瘍で入院してたんだ」

雅子は苦笑いを浮かべながら和歌子をみた。

「おばあちゃんが二週間。私が一週間くらいかな。退院するときは同じ日かも知れないけど。とにかく家のこと頼むね。かわいい番犬のゆめ次郎が散歩行きたいって待ってるわよ」

「そうだね。ゆめちゃん、シッポ振ってるんだろうな」

和歌子は、家路を急ぎながら、退院するまでの七日間、自分が家を切り盛りしなくちゃいけないのかと不安になった。不安なんて生易しいもんじゃない、恐怖だ。

いままで家事らしい家事なんてしたことがない。私ぐらい生活力のない女はいないだろうって感じだ。

まず、料理。食べるのだったらダントツ大丈夫。好き嫌いなく何でも食べる。お酒だって父親譲りでビールから焼酎、サワーだって。日本酒も最近はいけるようになってきた。だけど、作るのはちょっと、無理かもしれない。じいちゃんに言ってお弁当を買ってすまそうか。でも、せっかくだから作ってみようか。

次に洗濯。これもただ洗濯機にまかせればいいんだろうけど、スイッチが多くて何を押せばいいんだろう。洗剤や柔軟剤だって入れるんだろうし。それが終われば干さなきゃいけない、当たり前だけど。

そうだ、大事なこと忘れてた。ゆめ次郎だ。

ゆめちゃんの散歩は、いつも洗濯機を動かしている間に行ってくるんだ。時間は三十分ぐらいかなぁ。生まれてから十年たったから犬としてはベテランだけど、まだ力は十分に残ってる。足が速いんだよね。

ゆめちゃんが終わったら今度は小鳥の世話だ。じいちゃんの趣味だからお願いしてもいいよね。でも腰が痛いのか。水と餌をやらなくちゃ。

となると、料理はいつするの？　そうか、洗濯や散歩の前だ。これを何分で用意しなくちゃいけない？

ここまで考えて、自分が寝ている間に母はこんなに活躍していたのかと思った。

これをひとりでこなすのは並大抵のスピードではない。私にはとてもできない、というあきらめが込み上げてきた。

## 緊急事態発生

こうして和歌子と祖父の一週間が始まった。

「和歌子、今日はどんな食事になるかい」

祖父の幸男が和歌子に尋ねる。

「うん、お刺身とサラダ、それに餃子かな」

あれほど張りきっていた料理だが、一日もたたずに挫折。スーパーで手をかけなくていいもの、調理されているものばかりがテーブルに並んでいる。

「昨日も刺身だったからなぁ。今日は焼き魚にしようよ」

「えっ、だけど焼くのって私できないよ」

「何言ってる、簡単だよ。焼けばいいんだから」

幸男は、和歌子の手料理を楽しみにしていたのだが、このままでは毎日調理されているパック品をいただくことになりそうだ。幸男は腰をさすりながら、自分が料理を担当しようかと思い始めた。

それでも夕食はまだいい。仕事を終えて帰ってから時間はたっぷりある。幸男がお風呂に入っている間に準備できるからだ。だが、朝は、もう全然時間がない。ゆめ次郎の散歩と洗い終えた服を干すだけで家を出る時間ぎりぎり。食事はパンと牛乳を流しこめればこれ幸いという感じである。

「和歌ちゃんよう。朝は何を食べたらいいんだい」

幸男のか細い声が耳に痛い。

「適当に食べといて。腰、痛くなかったらさぁ、食器洗いお願いします」

和歌子は、耳の痛さを払いのけ両手を合わせて頼むのだった。

そして、母と祖母がそろって退院と決まった日の前日。ゆめ次郎の散歩と洗濯はどうにかこなすことができた。小鳥の世話は、幸男が三日目くらいからは動けるようになり、お役御免となっていた。残るは料理である。作ろうとして料理の本まで買ってきて何もしないのはどうにも自分自身で納得がいかない。ましてや、幸男に

「いやぁ、和歌子はうまくなったよ。品物を並べるのが」

なんて皮肉を言われたのでは、プライドが許さない。と言うわけで、挑戦したのが焼き鳥。豚のかしら肉とネギをくしで刺して炭で焼く。焼きあがったら辛みそをつけて食べるあの焼き鳥。

「どうしたんだい、焼き鳥なんて。飲み屋の女将にでもなるかい」

幸男が和歌子の顔と手元を交互に見ながら声をかける。

「おじいちゃん、何言ってるのよ。退院したら久々の一杯やるでしょう？　そのときのつまみよ」

和歌子は、美味しい焼き鳥を食べて精をつけてもらおうと思ったのだ。もちろん自分へのご褒美もかねて。幸男もどことなく嬉しそうだ。年齢のわりに動きにキレがでてきたような。


ところが、事態は急変する。その夜、和歌子は腹痛に襲われた。食べ合わせが悪かったのだろうか、急に胃のあたりが痛み出した。お腹をさすったりしていたが、なおる気配がない。これはもうトイレですっきりさせるしかない。

用をすませて部屋に戻ろうとすると
「ふ〜、ふ〜、……うぅ、う〜ん」

の声がする。何ごとかと思った和歌子は耳をすます。すると、どうやら一階から聞こえてくる。時刻は午前四時をまわっている。

「えっ、何かあった？」

血が、燃えるように身体の中を駆けめぐった。一瞬の間をおいて、階下に駆け降りた。一階の居間に駆け込むとこたつの脇に横たわっている人がいる。

「おじいちゃん、どうしたの」

声をかけたがうめき声が聞こえるのみ。顔から血の気が失せている。身体を触ってみたら全身汗びっしょりだ。

「どうしよう。どうしたらいい」

和歌子は冷静になろうとしたが、なれるわけもなく室内を歩き回った。その間、和夫は右手をついて立ち上がろうとしているが身体が左右にふれているだけだ。

「う～ん、う～ん」

本人は必死の様子だが身体がいうことをきかないようだ。和歌子は身体をささえようとしたが、重い。これは無理だと思ったが、もう恰好なんか構っている場合じゃない。足を思いきりひろげ踏ん張って

「えいや！」

気合を入れて幸男の身体を起こす。ふらつきながらもどうにか座ることができたが、顔色は白い感じだ。和歌子からも汗が吹きだしてきた。

「おじいちゃん、どうすればいい。わかんないよ。何をしたらいい」

和歌子は声をかけるのはどうかと思ったが、次の行動を起こすためには話かけるしかなかった。すると、

「み…、み…」

「さ…う。さ…」

とぎれとぎれに伝えようとしている。和歌子は耳を口元に寄せ意味をつかもうと必死になった。

「なんて言ってるんだろう。何だろう」

わからないので、とにかく手に当たるものを祖父に差し出してみた。湯飲み茶わん、お菓子、薬…。気がついたらゆめ次郎のおやつまで。

「さすがに犬のおやつはないわ」

と妙に冷静になった和歌子は、そこに薬の説明書が落ちていたことに気づいた。それを読んでみた和歌子は、

「そうか、なんだかわかるかも」

そうつぶやいたあと、もう一度幸男に何が必要か尋ねてみた。

「み…、み…ず」

「さ…と……う」

「わかった。ちょっと待っててね」

和歌子は、炬燵に祖父を持たれさせ台所に向かった。

## ピンチからの脱出

「は〜い、いいですか〜、ちょっと口を開けてくださいね」

口調をできるだけ優しくして、背中を支えながら飲みやすいように介助した。

和歌子はこのときだけ看護師になった。どのくらい待っただろう。祖父の意識が少しはっきりしてきた。問いかけに返事ができるようになると今度はトイレに行きたいと伝えてきた。この状態で動けるのかと案じたが、よろめきながらもどうにか立てるようだ。

「おじいちゃん、歩けるの、よろめいたら私も倒れちゃうからね」

頷きながらトイレに向かう和夫だった。中に入るわけにもいかず、聞き耳を立てて待っていたが、出てくる気配がない。

「もしかしたら昏睡？」

そう思ったらもう救急車を呼ぶしかない。時刻は五時。和歌子は急いで番号を押した。

「和歌ちゃん、ありがとう。おかげで助かったわ。みんな喜んでるよ」

二人が退院してきた日の夜、家には家族全員がそろっていた。北海道から駆けつけた父も元気な姿をみせて座っている。

胃潰瘍がすっかり良くなった母は、台所で料理の腕をふるっている。フミは手術後でどうかと思ったが、生気が戻って笑顔になっている。問題の幸男は、救急搬送された後、すぐさま点滴。ブドウ糖を体内にいれる処置がとられたとのことであった。意識は点滴中に戻り、その日のうちに家に戻ってきた。

「まったく人騒がせな」

と言いながらもフミの顔は穏やかだ。

「我が家のヒロインはまだ眠っているのか」

父がことのいきさつを聞いた後、天井を見上げながら言った。和歌子は、今日の騒ぎで疲れきって横になっている。

「和歌子の焼き鳥が食べられると思ったんだがな」

「まぁいいじゃないの。今日の活躍に免じて」

雅子が和歌子に助け船を出して、太にお酒をついだ。

「じいちゃん、今日はびっくりしたろう。気がついたら病院のベッドにいたなんて」

「そうよ。とにかく立とうとしても力が入らんかった。今回ばかりは助けられたよ」

祖父が太に向かってそのときの様子をジェスチュアを交えながら伝えている。

和歌子は、横になりながら考えていた。幸男に付き添った後、医師から病状の説明を受けた。いつも服用している糖尿病の薬の影響か血糖値が急激に下がってしまったとのことだった。雅子からときとして起こる可能性を聞いてはいだが、まさかそんなことはあるまいと思っていたのは間違いだった。これほど病気が身近に感じられた日はなかった。

家族に何か起こったとき、仕事が忙しかったからとかは理由にならない。ましてや、誰も教えてくれなかったなんて言い訳も通用しない。高齢の家族と一緒にいる以上、必要最低限の情報は共有しておかないと後悔するとも感じた。

今回は事なきを得たが、次はどうなるとも限らない。自分は何をしておけばいいんだろう、和歌子はぼんやりと思いを巡らすのだった。

## 和歌子の宣言

久々、家族そろっての食事だったので大いに盛り上がった。太はもうすでに出来上がっており、北の大地のよもやま話を語って聞かせるのだった。

「今度の日曜日、皆で温泉に行こうか。快気祝いだ」

気分が高揚しているのだろう。太の言葉に熱がこもる。

「いいわねぇ。身体を癒すってのも健康にもってこいだね」

雅子も大乗り気だ。フミはうなずいているだけだったが、元来お風呂好きなので賛成するに違いない。

幸男はそこまでの自信がないと見えて首を横にふりながら、

「まだ腰の具合も本調子じゃないし、もう少し待ってくれよ」

皆の顔を見回しながらお願いしている。置いてけぼりは勘弁をという感じだ。

和歌子としてももちろん行くつもりだ。だが、その前に今回の反省を宣言して、

「家族の皆さん、今回はたいへんご迷惑をおかけしました。私がお母さんからの言づてをきちんと聞いていれば今回のようなことはなかったと思う。おじいちゃん、ごめんなさい」

横になりながら考えた和歌子なりの結論だった。

それを聞いていた雅子が、

「人は後になってあのときもっととか言うのよ。でもそのときは遅いとき。「たら」や「ればば」は食べ物だけで十分。お母さんの話を聞いてい「たら」、もっと起こす力があ「れば」、なんて考えてるひまがあったら、学ぶこと、体験することね、それしかない。でも、日頃、

仕事ばかりで家族に興味も関心もなかったあなたがよく頑張った。それはとっても素晴らしい」

雅子の言葉には愛情がこもっている。和歌子は、

「そう、私、今まで自分のことだけしか考えてこなかった。でも今回、ハプニングの連続で困っちゃったけど、すごく貴重な体験ができたと思う。店長の仕事も、少しだけどやれる自信がわいてきた」

和歌子は初めて自分が店長になった不安を家族の前で披露した。そんな弱音を吐くなんて今迄の自分では考えられないことだった。

「そうなのか。良かった。新米店長さん」

「この子は我慢強いからね。人に弱みを見せまいと必死だったんだよ」

フミが優しく声をかける。

「それにしても、私、必死だったわ〜。おじいちゃんがどうなっちゃうんだろうって。ホントは動かしちゃだめなのかも知れないけど、思わず踏ん張っちゃった」

「そうだ、思い出した」

祖父が急に声を張り上げた。

「和歌子のおかげで若返ったんだ。背中になんか柔らかいものがあたるものでな。なんか

だった。
和歌子が指さしながら笑い声をあげた。つられて家族みんなが大声を出して笑ったの
「それって、胸のこと？　このじじい、どスケべだ」
気持ちよくなってしまったんだ」

翌日、ポストの中に一枚のビラが入っていた。

手に取って読んでみるとそれは案内状だった。

「サンタ村　クリスマス会開催！　地域の皆さん、ぜひお立ち寄りください。ただし、トナカイは派遣できませんのでご自分の足で……」

「サンタ村のクリスマスか。面白かったぞ」

横から覗きこんだ幸男が口をはさんだ。

「おじいちゃん、行ったことあるの？」

「去年も出かけたな。大勢で盛り上がってた」

和歌子は、間近に迫っているクリスマスの日に催されるこのイベントに、家族を連れ出すのも悪くないと思うのだった。

【村長のひと言】

高齢になると、何らかの疾患を抱えており、それも複数の場合が多くあります。身体の機能も低下傾向にありますので、十分注意する必要があります。

緊急事態はいつ起こるかわかりません。

とりわけ夜、明け方など、家族が寝ているときなどに起こると、介護する側がパニックになり、どう対応したら良いのかわからなくなったりします。

それを防ぐには、どこの病院にかかって、何の薬を何のために服用しているのかを事前に把握しておく必要があります。

薬の説明書を読み、起こりうる事態を想定しておくのが望ましいと思います。

すぐ手の届く範囲に緊急連絡先、緊急用品セットを置いておくのも大切です。

また、緊急時の対応マニュアル本を読んだり、行政の行っている救急講習会などに参加しておくといざというときに役立ちます。

## 【介護のマメ知識⑦】

### 認知症を防ぐ生活上の工夫

糖尿病、高血圧、高脂血症などの病気にかかると認知症の進行を早めます。そのため、日頃の生活習慣が鍵を握ります。

1．食事の時の心がけ

朝昼晩とバランスよく食べるのが大切。これに加えてポリフェノールを含む食品を多くとるようにする。大豆や緑茶、ピーナッツ、ブドウ、イチゴ、ナス、ゴマ、秋ウコンなど。赤ワインもＯＫですが飲み過ぎに注意。

2．運動のススメ

何も構える必要なし。身体を動かす習慣をつけることをポイントに。機械に頼っていた部分を人力で行えば、健康人生がやってくるの心意気で。散歩はゆっくりよりも速く。短めよりも長め。腕と胸を張り元気よく。

3．短時間昼寝のススメ

30 分以内の短時間昼寝は効果あり。ウトウトと浅い睡眠でサッと目覚めて頭すっきり。60 分以上では夜の睡眠が浅くなり逆効果。

4．歯磨きのススメ

歯が抜けると認知症の危険因子になる。噛むことは脳の覚醒に関係した神経細胞を刺激し、脳を目覚めさせる。歯磨きは、食事の後必ず行う。ちょちょちょではなく表・裏・横を丁寧に。ゴシゴシはダメよ。

参考：認知症予防　山口晴保著　協同医書出版社

# 第8章　隆二の恩返し

# 仲間の死

サンタ村で働く隆二は、時折、高校時代の仲間の死を思い出す。

父母の仲の悪さに嫌気がさしていた隆二は、夜の街に出かけてはうっぷんを喧嘩ではらしていた。

当時は、私鉄沿線をどこの番長がしきるかで常に争いが起こっていた。

だぶだぶのズボンや長い学ランは、不良の象徴だった。頭脳は別として、腕力、走力に優れていた隆二は、グループでも一目置かれる存在だった。喧嘩をしても相手を徹底的に痛めつけることはせず、頃合いを見て逃げることで警察の厄介にはならなかった。この逃げる快感が隆二にはたまらなかった。網の目をかいくぐるってやつだ。


あるとき、仲間のひとりが度胸試しをしようと言い出した。

街のはずれを流れている川に飛び込もうと言うのだ。飛び込む場所は、高さ十数メートルの崖だ。本来ならバイクでどこまで崖に近づけるかと言うレースをしたかったのだが、皆、貧しかった。誰もバイクなど持っていなかった。

皆が賛成する中、ひとり反対する者がいた。隆二だった。

「おう、どうしたんだよ。お前、こんなの大したことねえ高さだぞ」

「ダメだ、俺はダメなんだ。高いところが…」

隆二は高い場所を想像しただけで悪寒が走る。今だってそうだ。

「なんだよ。意気地がねぇなぁ。そんなんで他のやつらにしめしがつくかってよ」

仲間のひとりが真っ先に飛び込んだ。その姿を見て次々に跳んだ。水しぶきが勢いよく上がっている。

隆二は、小学生の頃、同級生と鉄橋の橋げたについている梯子を登っていた。三十m以上はある橋げただ。

最初は勢いよく足をかけて進んでいたが、途中、汽笛とともに列車がやってきた。ものすごい音が耳元に迫ってくる。その音が耳に届いたときを同じくして、列車にまとっていた風が勢いよく吹いてきた。隆二の顔に吹きつけるように。一瞬、身体が浮いた。

「うわっ」

思わず声を出した隆二は、梯子にしがみついて全身に震えが起こった。力が入ってどうにも足が動かない。鉄橋の欄干から同級生が動かない隆二を見て笑っている。

だが、どうにもしがみついた力を緩めることができないのだ。近くにいた親戚の叔父に助けられてどうにか上に行けたが、この一件以来、高所は隆二にとって足を踏み入れてはいけない場所となった。

川面では大きな歓声が上がっている。

「こりゃ最高だぜ！」

「気持ちいい〜！」

次々と叫び声を出して騒いでいる。だが、その中のひとりが、

「やべぇ、ちょっと頭を打ったかもしんねぇ」

後頭部を抑えながら水から出てきたやつがいる。心配して隆二が声をかけると、

「大丈夫だ。このくらい大したことない」

という答えが返ってきた。

その翌日、彼は死んだ。訃報が飛び込んできたとき、誰もが信じなかった。

通夜の席で彼の両親や兄弟、親戚が泣いていた。たくさんの花が棺桶に入れられたとき、すがりつく両親の姿がまぶたから離れない。

このときから隆二は喧嘩をやめた。

何をしてもいいが、親を悲しませてはいけない。人に泣かれるのがこんなにつらいものだと初めて知ったのだ。

## 勝子リーダー

隆二は、卒業後、様々な職業を転々としたが、人を助ける仕事がしたいという思いだけは強く持っていた。そこで、三十歳を過ぎてから介護の現場で働く決断をした。

隆二が勤めたのは大規模な施設だった。面接後すぐに採用。職員不足が続いており一刻も早く勤務できる人を採用したかったと人事担当者に聞いた。何はともあれこれで腰を落ち着けて働けるようになった。

施設の介護リーダーは、定年間近の女性介護福祉士だった。隆二が挨拶すると

「あなたは介護初めてかい」

神経質そうな細身の身体から低い声で声をかけられた。

「はい、そうです。宜しくお願いします」

上から下までじっと隆二を見つめていた。そして、次に出た言葉が、

「まぁいいだろう。少しは骨がありそうだ。いいかい、絶対一、二週間で音を上げるんじゃないよ。それが約束できるんならこれから私と一緒に行動していくんだ」

リーダーの名前は勝子という。いかにもそれらしいと隆二は思ったのだった。

少しでも早く介護職員として自立してほしいという施設長の要望で勝子によるマンツーマンの指導が始まった。

隆二は、介護の心構えから介護技術、コミュニケーションの取り方、介護保険の概要など多岐にわたる内容を詰め込むように教えられた。

場合によっては、仕事が終わってから、居酒屋で飲みながら話をする日もあった。とりわけ、居酒屋がくせもので、勝子リーダー、お酒にめっぽう強く隆二がたじたじになるほどであった。身長は百五十㎝あまり。どこに入っていくのかと不思議に思ったほどだ。しかも翌日にはしゃっきりと勤務している。

隆二が眠そうな顔をしているとどやしつけてくるのだ。

「何やってんだ、新人。もたもたしてんじゃないよ」

毎日がすみませんの連続だった。


勝子リーダーには身寄りがいなかった。両親はすでに亡くなっており兄弟姉妹もいない。親戚とはほとんどつきあいがなく、何処に住んでいるのかさえもはっきりとしなかった。施設長と知り合いだったのが縁で働き始めてはや四十年が経とうとしている。その間、浮いた話はなかったのかと聞いてみたが、いつも

「私はそういうのが苦手でね」

とはぐらかされてしまう。

そんなリーダーだったが、隆二とは妙に気が合った。年の開きはあったものの、男前とでもいうべきくよくよしない性格が隆二と合ったのだ。


この勝子が退職後、軽度の認知症になった。

退職後、二ヶ月に一度ぐらい酒と歌につき合っていた隆二は、勝子の衰えを敏感に感じとっていた。

それを勝子の友人、京子に打ち明けると、

「そうなのよ。認知症もあるけどおそらく肝臓もやられている可能性がある」

とのことだった。

以前からおかしいと勝子自身が言っていた視力も徐々に衰えていき、診察を受けたときには視野がだいぶ狭くなっていた。こうなるとひとりでは生活がたちゆかなくなると考えた隆二は、京子も交えて勝子と話し合った。

京子が勝子と同じアパートに住んでいたのは幸いだった。京子はまだ五十代で、仕事は朝から夜遅くまでみっちりと働いていた。

朝と夜は大丈夫として、日中の様子はどうしようかということになり、それは隆二が仕事の合間を縫って顔を見せることで様子を見ていくことにした。

その日は、北風が強く吹いた。木枯らし一号の名前がニュースから連呼されそうな雰囲気が街全体をおおっていた。

夜勤明けの隆二は、眠い目をこすりながら勝子の部屋をノックした。京子はもう既に出勤している。

「勝子リーダー、起きてますか？」

隆二の元気のよい声が部屋の中に響いた。だが、返事がない。ドアに耳を押し当ててみると中で人が動いている感じはある。ドアノブを回したが鍵がかかっていて開かない。
二、三度声をかけてみてようやく返事が聞こえる。
「どうしたんですか。開けて下さい。隆二です」

「それがね。今、眼鏡がどこにあるか探しているのよ。困っちゃった」

勝子がいつになくか細い声で話した。

「眼鏡はなくても大丈夫ですよ。リーダー、玄関を開けて」

「見えないのよ。眼鏡がないと」

隆二は、勝子が眼鏡をかけなければ歩けないほどの状態だったかを思い出していた。数日前は、大丈夫だったはずなのに。

京子が勝子宅の予備鍵を預かっていたのですぐ連絡をとり、一時間後にようやく中に入ることができた。

## 寝るのが生きがい

勝子の目は、光を失っていた。眼鏡をかければ見える問題ではなかった。

「どうしよう、私、目が見えなくなっちゃった」

涙を浮かべて話す勝子には、かつてリーダーとして職員を束ねてきた面影はなかった。

「隆二くん、申し訳ないねぇ。いろんなところがダメになっていくよ」

「何を言ってるんですか、勝子リーダー。……」

隆二は励まそうと思うのだが、次の言葉が出てこなかった。

「みんなに迷惑かけちゃって。あぁ、ごめんね」

勝子リーダーは、衰えていく自分がどうにも情けないようであった。年をとってからもバリバリと動けたはずの自分がこんなになるなんて、そんな言葉を繰り返しては何度も頭を下げた。

隆二は、京子が戻ってくるまでの間、勝子と今後について話し合った。

もう施設に入ると言いはったのだが、本当のところはどうなんだとしつこく尋ねると、

「私はね、このアパートで京子さんや隆二くんと一緒に暮らしたいわさ。時々、お店に出かけてさ。おいしいもん食べて。まだ行きたいところもあるし、大好きな歌も仲間とまた歌いたいわ」

「だったら、そうしようよ。京子さんもきっとここにいてねと言うはずだから」

隆二は、世話になった勝子リーダーが、もっと輝く姿をずっと見ていたかった。

俺も将来はああなりたいと思っていた人が、年をとるだけでしょぼくれてしまうなんてどうしても認めるわけにはいかなかった。

今まで、施設で暮らす人たちを励まし、見守る家族を誰よりも大事にしてきた人が、こうあっさりとリタイヤしてしまうのではいけない、そんな思いが駆けめぐった。

仕事現役時代、勝子は隆二を居酒屋に連れ出しては家族について語っていた。

「自分はなぁ、親孝行したくてもできない身の上だ。だから、年とった親が子供に何を求めているのか、何をして欲しいのか、何が嬉しいのか、いまだにようわからんのよ。だか

ら必死になって、縁を紡いだ施設で暮らしている皆さんととにかく話をしたいと思った。ところがどうだ。子供は、自分には自分の生き方があると言って親の話なんか聞かなくなった。だから、一緒に暮らしているったってみんなてんでんなんだよ」

こうなってくると話がとまらなくなる。隆二がトイレにでも行こうとするものなら、

「トイレになんか行ったら言いたいこと忘れちまうよ」

「いいえ、大丈夫です。もう何十回と聞いてますから」

「そんなわけないだろう。今初めていうんだから」

もう目茶苦茶だ。

「家族の誰かが倒れた。じゃ誰が面倒見るんだとなったときはどうなるか。食事はどうする、下の世話は誰がやる、洗濯はどうなんだ、もういきなり自分たちにふりかかってくるもんだから押しつけあいやら責任逃れやらが始まるんだ。もう長男、長女が面倒見るっていう時代じゃないんだよ。だから言ってやるんだ。今まで仲良し家族のふりをしてきただけなんだからさ、慌てるんじゃないよって。本当の家族になっていくんだよ、介護を通じてさ。そう言ってやるんだよ」

「勝子リーダー、いい言葉ですね。本当の家族か」

「隆二、お前は確か若い頃友達を亡くしたとか言ってたな。そいつの墓参りにはたまには

行ってるか」

「いえ、最近は足が遠のいてます」

「家族はそうじゃない。必ず墓前で手を合わせ続けているんだ。嵐だろうが大雪だろうがな。それがずっと続くんだ」

酔いがまわってもこのくだりだけは不思議と変わることはなかった。きっと家族を大切にと願う勝子の思いが凝縮されていたからだろう。

居眠りを始めた勝子を見ながら隆二は思うのだった。

勝子は、京子や隆二が訪ねてもベッドから起きだしてこない日が増えていった。話しかけても、

「いいんだよ。何もすることがないんだからさ。寝るだけが生きがいなんだよ」

二人は顔を見合わせてはため息をついた。

何とかして外に連れ出そうとするが、調子が悪いの熱があるのといった理由をつけて部屋から出ようとしなかった。

大好きな酒も医師からやめたほうがよいと言われ、勝子にとってみれば何の楽しみがない状態だった。

## 酒の友は叫びの友

三日続いた雨がやみ、朝から太陽が照りつけた日、珍しく勝子はベッドに起き上がっていた。これ幸いとばかりに、隆二は衣類からシーツまで全部洗っちゃいましょうと勝子に伝え、なかば強引にベッドからおりてもらった。

「今日は、良く乾きますすよ。夜、寝るときは気持ちいいですよ」

「なんだ、今日は横になれないのかい。つまらないねぇ」

「洗濯が終わったらカラオケに行きましょうよ。元気が出ますよ」

「今日は行きたくない。歌なんかもう忘れてしまった」

隆二はそう言うだろうと思い、マイクに歌が内蔵されているというカラオケマイクを持ってきたのだ。

「じゃぁ、これを使って歌ってみようよ」

「隆二、あなたが歌いなさい」

勝子は、当時を思い出したかのように命令口調で隆二にマイクを渡した。

隆二は、勝子たちと出かけたカラオケ喫茶で歌った歌を二、三曲披露した。すると、勝子に明らかに変化が生まれてきた。自らリズムをとって今にも口ずさみそうな雰囲気だ。隆二は勝子の右手が届く位置にマイクをすべらせ声をかけた。

「そこにあるからね。練習だから何曲でも歌っていいですよ」

その声に反応した勝子は、ゆっくりとマイクを両手で持ちその感触を確かめていた。ひとしきり触った後、

「ちょっと歌ってみようか」

隆二の操作でメロディが流れ始めると、やはりリズムをとって歌い始めた。隆二は知らない曲だったが、勝子には思い入れがありそうだ。ゆっくりとかみしめるように歌った後、

「ありがとう。どうにか歌えたわ。ホントに歌えるかどうか不安だったのよね。でも少し自信がついたわ」

久々の勝子の笑顔だった。

午後になり、洗濯物を部屋に入れていると、

「私も手伝うよ」

と言って乾きたての衣類をたたみ始めた。タオルなどは短い辺を二つ折りにし、両端を真ん中で合わせ、その中心を折り目にして半分にたたんでいく。

その動きと言ったら働いていたときと同じぐらいのスピードで次々と行っていく。衣類もそうだ。まるでお店にきれいに並んでいる服と同じように重ねていく。

「勝子リーダー、素晴らしいお手並みです」

「何言ってるんだ、お世辞言ったって何もでないよ」

勝子は顔をくしゃくしゃにして笑っていた。

隆二は、このとき決意した。日中ひとり暮らしの生活を続けては、勝子の能力は次第に衰えていく。しかも早くにだ。

ならば、もっと人と関わりながらその力を維持し、発揮できるようにするのが、自分と京子の役割ではないかと思った。

ではどうするか。

いっそのこと、我々三人が一緒に引っ越して、安心して過ごせる場所を見つければいい。京子にも一緒に引っ越そうと話してみた。もちろんあっさり承知。

この京子という人もちょっと変わっていて、勝子よりは年下だが、いまだに独身でマイペースな生活を続けている。結婚寸前までいった相手はいたのだが、親の猛反対でご破算。勝子とは、居酒屋で知り合ったとかで
「酒の友は叫びの友」

とかわけのわからないことを言って、二人で飲んでは歩きながらコノヤローと叫んでいたという話だった。

いわば隆二はお守り役みたいなものだ。

京子はその後、勝子の退職を期に酒をやめた。身体が受けつけなくなったのだという。一生分はもう飲んだからいいのよと勝子に朗らかに語っていた。

だが、隆二は京子が勝子と飲める日を心待ちにしているのではないかと思っている。

その証拠に京子の家にあるお酒には、「勝子の酒」とラベルに書き、三人で飲む姿が絵になって飾ってあるからだ。

その後隆二は、サンタ村で職員募集の張り紙を見て、雰囲気のよさそうな村長の写真を見て、ここに行ってみようと決断し早速応募。即採用となった。

勝子は急な引っ越しにとまどいながらも、気心の知れた隆二と京子に囲まれて住み慣れた街を離れたのだった。

【村長のひと言】

認知症になると何もできなくなるのではないかと思いがちです。

この一文にはぬけている言葉があります。「何もしないから」という言葉です。補うと「何もしないからできなくなる」と言うことです。

何かを頼んでも中途半端でやめてしまう、ガスコンロに火をつけたままいなくなる、など確かにこれはまずいと思う場面が多々出てきます。ただ、何もしなくていいというと、意欲は減退し認知症の症状がどんどん進みます。これを防ぐには、介護者の根気と創意工夫の力が試されます。例えば認知症が進むと、

「お茶を入れて飲みましょう」

とお伝えしても、ポットや茶筒、急須と湯呑み茶碗を前にして座っているだけとなります。

こうした場合、つい介護者が注いでしまいますが、それをグッとこらえて、

「さて、○○さん、お茶はどうすれば飲めますかねぇ？」

と声をかけて記憶の引き出しを探ったり、お茶を飲む手順を言葉と写真で伝えながら自力で行えるようにサポートします。自分で行えた喜びは、ご本人の意欲につながり家族の笑顔が増えること間違いなしです。

## 【介護のマメ知識⑧】

### 認知症を防ぐ生活上の工夫II

5．快刺激・笑顔を増やす

笑うと脳にドーパミンが放出される。ドーパミンは意欲をもたらす脳への報酬。記憶や学習能力を高める役割。楽しく笑って褒められて嬉しいと言う時間を持つことが大事。

6．諦めた瞬間から脳が委縮

やりたくてできることを行うと幸福。やりたいができないことは挑戦あるのみ。やりたくなくてできない仕事は、ほどほどに。やりたくないけどできる仕事は、意義･やりがいを見つけるようにする。あきらめたら脳の退化が始まる。

7．とにかくコミュニケーション

積極的に友人や家族、近所の人、趣味仲間と会話する。ひとりで無口でいると認知機能の低下に拍車がかかり低下が進む。前頭葉の活性化にはコミュニケーションをとるべし。

8．記憶力を鍛える

興味を持つ、感心する、驚く、喜ぶ、などの体験を思い出し、既にある知識と関連づけながら記憶力を鍛えていく。繰り返しも大事。夜寝る時に思い出すなどして定着化を図るようにする。楽しい思い出、感動体験を多くして、記憶力を鍛えていくのが予防のポイント。怖い思い出は夜が眠れなくなるので要注意！

9．最後に

年をとったからと言って老けてはいけない。人生はこれからが本番の心意気で！

参考：認知症予防　山口晴保著　協同医書出版

# 第9章　サンタ村に集う人々

# クリスマスイブ

今日は十二月二十四日。クリスマスイブ。サンタ村は活気に包まれている。村をあげてクリスマスの行事が催されるからだ。あちこちからたくさんの人々が、三々五々出かけてくる。

村人のたまり場、喫茶店サンタ村は朝から大にぎわいだ。最近は喫茶店サンタ村にも愛称がついた。誰が名づけたのかは定かではないが、「とまり木」と言って親しんでいる。

「村長、今日は助っ人を呼んだのかい」

おなじみの耕さんが新しいスタッフを見つけて声をかけた。

「そうなんですよ。頼もしい私の師匠夫婦をね」

村長の右側に立っている二人がお辞儀をした。

「へぇ、どおりで今日のコーヒーはうまいと思ったよ」

「ありがとうございます。おいしいと言っていただけるだけで本当に幸せです」

この助っ人はあの伸郎夫婦だった。今日は朝から一緒にとまり木を手伝っている。

「お二人の応援がなければ、この店は開くことができなかったんですよ。そりゃもう厳しく仕込まれました」

笑顔の村長が耕さんに説明をしている。仲郎はすかさず手をふり、

「いやこちらこそ村長の後押しがなければどうなっていたことやら」

と言って、仲郎は店の入り口で声をだして呼び込みをしている老女を指さした。

「あれ、うちの母親なんですよ。お店に出るとああやって丁寧にお辞儀したりしてるでしょ。ところが家ではもう女帝ですよ、女帝」

耕さんは振り返ってあらためてその女性を見た。

「へぇ、そうかね。愛嬌のあるおばあちゃんにしかみえないけどなぁ。元気でいいわい」

「いやね、村長の勧めがあってこちらに通わせていただいてるんですよ。うちも喫茶店やってるものでお客様のお迎えだけは私の役目だと言って張りきってるんです」

「年寄りは奥に引っ込んでろ、なんてぇのはサンタ村じゃ通用しないんだよな。まさしく前に出てお客さんを呼びこんでくれる看板おばあちゃんだ」

耕さんは、村長と仲郎からいきさつを聞いて、感心しきりだった。

「おまけに、ね。夫婦仲ももっとよくなっちゃいました」

「そりゃ、いいわ。おしどり夫婦がとまり木にちゅうちゅうしながらやって来たってことかい」

「耕さん、ネズミじゃないんだからさ」 村長をはじめ、そこにいる皆が大いに笑った。

村長は、村の様子を見てみようと、伸郎夫婦に任せてぶらぶらと歩き始めた。

## 村人たちの活躍

「とまり木の隣では、何やら授業が行われている。先生は和夫のようだ。冬ではあるが穏やかな日差しが降りそそいでいる。生徒は、子供たちとお年寄りたち。二十人近くいるので賑やかだ。

「よろしいですか、皆さん。声を出してはっきりと読んでくださいね。音読するだけでイキイキするんですよ」

と言いながら頭を指さしている。

「この指で自分の頭をこんこんとやってみてください。カラカラと音しませんか？」

「しないよ、先生。こんなに年とっても音はしねぇなぁ」

「おぉ、なら大丈夫。皆さんの頭の中はカラっぽじゃぁない」

身振り手振りを交えて和夫が熱弁をふるう。生徒から笑いの渦がわき起こる。

アシスタントは美紀。生徒ひとりひとりに目を配り、声が出ない人は一緒に声をだしてリードしている。

「先生よう、あんまりむずかしい漢字は読めねえぞ」

「おじさん、ボクが教えてあげるから安心して」

サンタ村の一年生、俊太が元気よく声をかける。

「ありがとな、助かるよ。しかし、何で今さら声出して読まなきゃいけねんだ」

村人の金造が和夫に向かって質問する。

「皆さん、金造さんから、何で今さら声出して読まなきゃいけないのかいという質問がありました。さぁ一緒に考えてみましょうか」

和夫が全員を見渡しながら質問を投げかえす。すると、

「そりゃ、ぼけないためじゃないの。おりゃ、いつまでもすけべぇな本読みてぇもんな」

「寝ときにすぐ眠れるようにだよ。字を追っかけてるうちにウトウトしてくるんだよ」

「私はね、弟に読んであげるため。読んであげると、おねぇちゃんもっとって言われるのが嬉しんだぁ〜」

お年寄りと小学生が発言しあって少しも授業は進まないが、皆いきいきとワイワイやっている。

和夫は受験だけでなくこうした触れ合いをもっともっと増やしたいと思いながら授業を

するのだった。

落ち葉が積もっている。道の真ん中を避けるかのように両脇に折り重なっている。村長が舗道を歩いていると目の前を竹箒を持った男の人が横切った。

「あれっ、哲也さんじゃない。どちらへ行かれるの？」

「はい、今日はこの道路」

「そうですか。ありがとうございます。哲也さんのおかげで村はきれいになりますよ」

と村長がお礼を言うと、哲也は照れくさそうに頭をかいて竹箒を左右に動かし始めた。

舗道の掃除は、哲也にとって必要不可欠なものとなった。出かけて帰って来られない哲也をさがして村人が探しまわった日が懐かしく感じられる。今は、たくさんの村人から感謝されるようになった。

哲也のおかげで、サンタ村は訪れる人の誰もが感心するほど掃き清められていた。

「これじゃもっと掃いておかなきゃな。オレがやらなきゃしようがねぇ」

哲也は掃除が自分の仕事だと思い、半日かけて行っている。行きかう村人から声をかけられるたびに嬉しそうな笑みを浮かべている。

母の典子は、落ち着きを取り戻してきた日常に感謝をしながら哲也を見守っていた。

「村長さん、おかげさまで哲也が生きがいを見つけたようです」

「そうですね。嬉しいですよ。ところで哲也さん、お仕事はどうされました」

村長は気になっていた件を尋ねた。

「ええ、会社に相談しましてね。仕事の状況がわかりましたので、哲也と話し合って辞表を提出しました」

「そうでしたか」

「でもね、私は良かったと思ってるんです。こうして目の前で懸命に哲也が掃除をしている姿を毎日見られるだけでも幸せなんですよ」

村長は憔悴しきった典子が、今は吹っきれたような表情を見せていることに安堵した。

「村長、こちらに来てくださいよ」

誰か呼ぶ声がする。

「おお、弘子さんか。克也さんの様子はどうですか？」

「もうばっちりですよ。奥さんも喜ばれています」

道を隔てた広場では、芝生の上で体操を行っている。ここに参加しているのは、克也と亜紀子夫婦だ。裕一とお母さんもいる。留美もいる。

裕一は早速二人と仲良くなったようだ。

「さぁ、村長もやりましょう。運動不足で身体が固くなってんだから」

弘子に強引に連れてこられた村長は、皆にまじってひとしきり体操に精を出した。

ひと区切りついた後、村長は亜紀子に声をかけた。

「弘子職員から聞いたんですが、うまくいったようですね」

「ええ、そうなんですよ。リラックスするにはお風呂にかぎりますね」

村長が亜紀子に授けたもうひとつの案とは銭湯だったのだ。一緒に出かけても必ず離ればなれになれる所、ゆったりできてひとりになれる場所といったら銭湯が最適だ。もちろん、克也ひとりでは不安なので村の職員を派遣して様子をみてもらっていたのである。職員とは、弘子と隆二だ。留美や耕さんにも協力してもらった。

克也がどうしていいか分からない時は、常連のふりをした隆二がさりげなく援助をした。

「お客さん、初めてですか」

「おう、そうなんだ。どこに着替えを置いたらいいんだ。説明がないからここはダメな風呂屋だ。店主呼んできてくれ」

「このぼんくら店主呼んできても話になりませんよ。ここは自分が常連の名にかけて教えて差し上げますよ」

「おっ、そりゃいいねぇ。なかなかできた人だ。どうだうちの会社に入らないか」

隆二は克也をお風呂へ誘導しながら話を盛り上げていった。

銭湯通いを何日か続けた結果、徐々に克也は亜紀子と離れる時間があっても特に心配をする様子はなくなっていった。

「焦らずにやることです。サンタ村にはたくさん村人を受け入れてくれる場所があります。奥さんがどうぞご主人を連れ出してください。昔とった何とかで興味を引くものがきっと出てきますよ」

村長は、亜紀子にいつでも困った時は協力しますと付け加えてその場を後にした。

今度は和歌子がやってきた。

「村長さん、はじめまして」

「おや、ようこそいらっしゃいました。あなたのような若い方に参加していただけると本当に嬉しいです」

村長の鼻の下が少し長くなった。

和歌子は、自分にできることは何かないかと考え、いくつかの服を持参してきていた。

村長が何をするのかと尋ねたところ、

「どうなるかわかりませんが、サンタ村で若返りの着こなし方講座などを開いたらどうかと思いまして」

「それは面白いですねぇ。みんな、参加したいと言ってきますよ」

早速村長が職員に声をかけ舞台を整えた。

ちょうど通りかかったトミ子にトップバッターの栄誉を与えた。

「ちょっと、そんな素敵になったらじいちゃんばあちゃんの相手する時間なんかなくなっちゃうわ」

と言って広場の真ん中を闊歩した。地味な格好で背中を丸めて歩いていたトミ子が見違えるように歩いている。

「おいっ、どこの誰だい」

「なあんだ耕さんか。私だよ、ワ・タ・シ。トミ子だよ」

「……」

とまり木から顔を出した耕さん、言葉を返すことができず、留美から
「なんだい、耕さん。気の利いた言葉を返してやんなよ。そうじゃなきゃ、降参だ」

思いきり背中を叩かれた耕さんであった。

次々と舞台に上がる人が出てきて、臨時ファッションショーは大盛況。そして最後に勝子が登場した。エスコートは京子と隆二が務める。

「勝子リーダー、すごいですよ。ギャラリーの拍手が鳴りやみません」

「こんなばあさんでもきりっとした服を着ると違うわね」

ちなみに勝子が身につけたのは、花柄のワンピース。南国に行ってハワイアンを踊ってみたいと言う要望に応えたのだ。舞台の中央まで来ると、横からレイを持った裕一が飛び出してきた。

「勝子さん、レイを首にかけてもいいですか」

勝子はびっくりして、頷きながら頭を下げた。

「ありがとう。ありがとう」

と言いながら。

## 村長からのプレゼント

村長は、村人たちの活躍をひと通り見終えて、とまり木に戻ってきた。そこで白い袋をつかむと再び表に飛び出していった。

広場では、村人たちが集まっていた。和やかに交流できるように、芝生が敷きつめられ、真ん中には花壇が配置されている。たくさんの花が咲きそろう春には、たくさんの村人が囲みながら談笑する。サンタ村の象徴と言ってもいい場所である。

これから村長からのプレゼントの時間だ。

「皆さん、今日は元気に集まっていただきまして誠にありがとうございます。皆さんの元気な顔を見るだけで私も安心します。さて、今日のプレゼントですが、この白い袋の中にたくさん入っています。どれもこれも素晴らしいプレゼントです。って自分が言うのもなんですが。では始めます。まず、伸郎さんと春代さん、そしてお母さんです」

村長が白い袋に手を入れて取り出したのは、一冊のノートだった。

「このノートには、春代さんがお母さんから授けられた料理のレシピがぎっしりと書き込まれています。このノートのおかげで伸郎さんは、今ここにこうして立たれております。もし、このノートがなかったらどうなっていたでしょう。伸郎さんは、ひとりで毎日愚痴を言い、誰かのせいにして暮らしているのではないでしょうか」

春代は伸郎の背中をさすっていた。お母さんはその傍らで神妙な面持ちで車椅子に座っている。

「どうでしょう、村人の皆さん。このノートはご家族の幸せをつないだノートなんです。素晴らしいプレゼントではありませんか」

どこからともなく拍手がわき起こってきた。静かにそして次第に盛大に。

「村長さん、皆さん、ありがとうございます。本当にありがとうございます」

伸郎が、駆けより、村人ひとりひとりと握手をして回った。その姿を見ていた伸郎の母はここで初めて笑った。その笑いがいつまでも続いていた。

次は和夫とお父さん。縁をつないだノートの切れ端を和夫に手渡した。

典子と哲也の母子にはこれからの仕事に役立つ作業着をプレゼント。

弘子と両親にはエンディングノート、克也と亜紀子は銭湯の回数券、裕一とお母さんには喫茶店サンタ村のコーヒーサービス券を贈呈した。

和歌子一家には救急セット、隆二と勝子と京子のトリオには先ほど着ていた花柄のワンピースを贈った。

いつしかあたりはうす暗くなり、星の輝きが増してきた。

隆二と弘子が松明を持って、四隅に置いた薪に火を灯し始めた。

村長は、赤々と燃える火灯りに照らし出された姿で、それぞれのプレゼントにまつわる物語を時に力強く、時に静かに語るのだった。村人たちは、しんみりしたかと思うと笑い声をあげたりとその話に聞き入った。そして、最後に村長は村人に語りかけた。

「皆さん、いかがだったでしょうか。介護には物語があります。その物語は当事者である人たちにしかわかりません。でも、その中に私たちにとって大切な内容が含まれているとしたらとてももったいない気が致します。ひとりひとりの悩みや葛藤が入った物語を皆さんとともに分かち合い、良く生きる今とさらに良くなる明日を信じて語り合う機会があることを私は素直に喜びたいと思います」

村長は、さらに続けた。

「私は、幸せとはほんの些細な出来事、取るに足りないと思われる、思ってしまう、人と人とが関わる中で生まれる出来事の中にたくさん含まれているように思います。私たちはそれに気づいていないのです。気づいた人が幸せを呼びこみ、周りの人たちに幸せをプレゼントしていくのです。

どうぞ皆さん、何気ない日常を、必死に生きる毎日を大事にしようではありませんか。サンタ村にはたくさんの幸せ物語がまだまだ眠っていますよ、…。ほらそこに」

と言いながら村長は村人たちに向かって指を差した。

人々はいっせいに上や横を向いたり後ろを見たりした。村人が再び顔を戻したとき、村長は姿を消していた。あるのは白い袋だけだった。

だが、焚き火の炎は、サンタ村の魂となって村人たちに灯っていくのだった。

**【村長のひと言】**

ニュースや新聞で取り上げられる介護の問題は、どれも悲惨な内容が多く、大変な面ばかりがクローズアップされがちです。とりわけ認知症の方にまつわる事件は、切羽詰まったものが多く、国や地域で早急に取り組むべき課題として連日伝えられます。それを受けて考えていく発想ではなかなか面白い案が出てこない気もします。

安心した社会を築くには、まずは自分で、自分たちでできることは何かを考え、行動していくのが大事だと思います。それには、家族、地域社会の理想の姿を思い浮かべながら、

「自分と自分を含めた周囲の人たちと悦びの輪を作り、作り続けていく創造社会」

などのテーマを掲げ、手間暇をかけて作っていくしかないと思います。

「絆づくりを大事にしたコミュニケーション」

「コミュニティに必要な気軽に集まれるイベントの開催」

「何気なく行っていることの価値を高める試み」

を常日頃から考え、

「そこまでやるの」「それが何になるの」

と言われてもやる気持ちが、新たな社会実現には必要な心構えかと思います。

## 【介護のマメ知識⑨】

### 認知症早期発見の目安

１．物忘れがひどい
・今切ったばかりなのに電話の相手の名前を忘れる
・同じことを何度も言う･問う･する
・しまい忘れ置き忘れが増え、いつも探し物をしている
・財布･通帳・衣類などを盗まれたと人を疑う
２． 判断･理解力が衰える
・料理･片づけ･計算･運転などのミスが多くなった
・新しいことが覚えられない　・話のつじつまが合わない
・テレビ番組の内容が理解できなくなった
３． 時間･場所がわからない
・約束の日時や場所を間違えるようになった
・慣れた道でも迷うことがある
４． 人柄が変わる
・些細なことで怒りっぽくなった
・周りへの気遣いがなくなり頑固になった
・自分の失敗を人のせいにする
・この頃様子がおかしいと周囲から言われた
５． 不安感が強い
・ひとりになると怖がったり寂しがったりする
・外出時、持ち物を何度も確かめる
・頭が変になったと本人が訴える
６．意欲がなくなる
・下着を替えず、身だしなみを構わなくなった
・趣味や好きなテレビ番組に興味を示さなくなった
・ふさぎ込んで何をするのも億劫がりいやがる

参考：公益社団法人　認知症の人と家族の会 より引用

# エピローグ

いきなりで恐縮ですが、「幸せ」の言葉の意味について考えてみました。

作家の玄侑宗久氏によれば、「しあわせ」の言葉の起こりは奈良時代だったそうです。

そこでは「為」、これを「する」と読みました。

中世になり「しあわせ」という言葉ができて「為合わせ」と書き、天が私にどうするのか、それに対して私がどうするのか、が意味だったということです。


室町時代になると、「為合わせ」の「為」が「仕」に変わり、「仕合わせ」となります。ここで相手が天ではなく人になったのです。ここで、人と人との関係が上手くいくことを仕合せと呼ぶようになり、現在に受け継がれているとのことです。


どうやら人は、ひとりでは幸せにはなれません。ひとりではそれが幸せなのかどうか判断がつかないからです。

人は支え合って人といいますが、支え合うには人と人がつながらないと支え合うことができません。

そしてうまくつながって調和が取れたとき、人には幸せ

が訪れるようです。

よく成功して幸せになりましょうといいますが、この意味合いばかりが強くなると、とてつもない成功者のみが人生の幸せを手に入れられるだけになります。

確かに、大金を手に入れて自分の買えない物はないと豪語したい誘惑は誰にでもありま す。自分とて例外ではありません。ただ、それだけでは欲望が膨らむだけで際限がありません。もっともっとで力尽きてしまいます。

であるならば、もうひとつ、別の価値観をしっかりと持っておく必要があるかと思います。

そもそも日本人は、人と人の調和を目指して、幸せを分かち合うことを大事にしていた民族だったのではないでしょうか。

まさに介護とは、調和です。家族会議の最初は、

「誰が面倒を見るんだ」

から始まったっていいんです。

「自分は忙しいから無理だわ」

それもいいでしょう。

ですが、自分の主張ばかりでは調和は生まれません。いくら話し合いが大事と言っても

押しつけ合っているだけでは平行線のままです。相手の状況を認め、受け入れてこそ調和のスタートとなるのです。

これができればいくらでも自分の介護人生、いや自分の人生すら変えることができます。それには、自分に異質の要素を取り入れ交じりあわせ、新たな考えや行動様式を手に入れることです。

最初は違和感を感じるかも知れません。

「なんでそんなつまらない事柄にこだわるのだろう」

「どうせやっても無駄だよ」

すぐに反発したくなるような言葉が投げかけられる可能性だってあります。それを、受け入れながら、

「つまらないと感じる理由は何故なんだろう」

「無駄と思える中にもし真実があるとしたらどうだろうか」

などと、意見交換をしながら人と人がつながる関係を育み、介護者も被介護者も、大いなる幸せにつながる道を歩んで参りましょう。

サンタ村の村長は、これからも調和と協調にこだわり続けます。

# おわりに

一年前は自分が本を書くなんて想像もしていませんでした。

ただ、自分ができることって何だろう、何をしたら皆に喜んでもらえるだろうと漠然と考えていました。

そんなとき、ホームページで高橋フミアキ氏と出会いました。誰もが小説を書く時代というキャッチコピーにひかれ、通い始めたのが文章スクールです。

そこでたくさんの方と出会い、小説やエッセイの書き方を指導していただくうちに、もしかしたら自分にも書けるかも、の意欲が起こってきたのです。

では、何を書くと自分自身に問いかけながら取り組んだのが介護の物語でした。障がい者の方たちとの生活もそうでしたが、高齢者の介護の現場もめまぐるしく動いています。

人手不足は確かにあります。悩みや苦しみもあります。

ですがそれだけではありません。そこにいる人々は、日夜いきいきとした暮らしを模索して奮闘しております。その息吹をこの物語によって伝えられたらいいなと書き終えた今思っています。

出版にあたってはたくさんの方々に応援していただきました。

ベストセラー作家である高橋フミアキ先生を始め、文章スクールの皆さん、作家塾の皆さん、本当にありがとうございました。

皆さんの応援がなければ書き終えることはできなかったと思います。

そして、出版の労をとっていただいたコーディネーターの小山睦男社長、デザイン、印刷などなどに関わる方々、本当にありがとうございます。

さらに、サンタグループのスタッフの皆さん、ご利用者の皆さん、ご家族、地域の皆さん、毎日、明るい介護を目指して奮闘している姿にいつも頭が下がります。感謝の気持ちでいっぱいです。これからもよろしくお願い致します。

また、至らない私を支え、応援してくれる家族に感謝いたします。本当にありがとうございました。

それでは、またいつかどこかでお会いしましょう。

高荷　一良

## 【参考文献】

「テンプレート式　超ショート小説の書き方」高橋フミアキ著　総合科学出版
「一瞬で心をつかむ７７の文章テクニック」高橋フミアキ著　高橋書店
「認知症の９大法則　５０症状と対応策」杉山孝博著　法研
「もしもの前に作っておきたい安心自分ノート」大竹夏夫・加納健児監修　ブティック社
「しあわせる力　禅的幸福論」玄侑宗久著　角川ＳＳＣ新書
「自分が源泉」鈴木博著　創元社
「認知症とともに」新潟日報報道部編　新潟日報事業社
「迫りくる「息子介護」の時代」平山亮著　光文社新書
「みんなの認知症ケア」浦上克哉監修
「アドラー心理学入門」岸見一郎著　ベスト新書
「認知症予防　読めば納得脳を守るライフスタイルの秘訣」山口晴保著　協同医書出版社
「涙の数だけ大きくなれる！」木下晴弘著　フォレスト出版

## 著者略歴

**高荷　一良**（たかに　かずよし）

1958年11月生まれ。埼玉県出身。

青山学院大学法学部卒。

2004年にデイサービスセンター「サンタの森」、居宅介護支援事業所「ケアプラン・サンタ」、福祉用具貸与事業所「介護サポート・サンタ」、会員制健康クラブ「サンタ倶楽部」を設立。2010年に、認知症に特化したデイサービス「サンタヴィレッジ」を開設。この世に役に立たない人などどこにもいないという観点からまごころの介護を実践。埼玉県内にデイサービス施設を4か所、居宅介護支援事業所1か所、福祉用具貸与・販売事業所1か所、接骨院1か所を運営。

現在、デイサービスセンター　サンタヴィレッジセンター長（村長）。

フィットネスデイ　サンタ倶楽部センター長。

ブログ：サンタ村の村長日記　http://ameblo.jp/santamuranakama/

**サンタ村の楽しい認知症の人たち**
**―認知症介護が怖くなくなる９つの幸せストーリー―**

2015年2月20日　初版発行

著　者　高荷　一良　©Kazuyoshi　Takani
発行人　森　　忠順
発行所　株式会社 セルバ出版
〒113-0034
東京都文京区湯島1丁目12番6号 高関ビル5B
☎03（5812）1178　FAX 03（5812）1188
http://www.seluba.co.jp/
発　売　株式会社 創英社／三省堂書店
〒101-0051
東京都千代田区神田神保町1丁目1番地
☎03（3291）2295　FAX 03（3292）7687

印刷・製本　モリモト印刷株式会社



Printed in JAPAN
ISBN978-4-86367-193-5